Belen Mercedes Mündemann
Zielsicher und schnell lesen

Belen Mercedes Mündemann

# Zielsicher und schnell lesen

Wie Sie im Handumdrehen
Ihre Leseeffizienz steigern

Die Deutsche Bibliothek – CIP-Einheitsaufnahme

Mündemann, Belen Mercedes:
Zielsicher und schnell lesen : wie Sie als Führungskraft mit der
F.A.S.T-Stragegie ihre Leseeffizienz optimieren / Belen Mercedes Mündemann.
- Köln : Dt. Wirtschaftsdienst, 2002

   ISBN 3-87156-505-9

Mündemann, Belen Mercedes:
Zielsicher und schnell lesen : wie Sie im Handumdrehen ihre Leseeffizienz steigern /
Belen Mercedes Mündemann.
- Norderstedt : Books on Demand GmbH, 2007, 2.Auflage

   ISBN 9783833490026

Umschlaggestaltung: Mündemann Counselling, München
Herstellung und Verlag: Books on Demand GmbH, Norderstedt

# Inhalt

## Wie kann Ihnen dieses Buch helfen, Ihre Lesefertigkeit zu verbessern?

Dieses Werk soll Ihnen als Leitfaden dienen auf dem Weg zu neuen und effizienten Formen der Informationsaufnahme aus Texten.

Sie können gleich damit beginnen, indem Sie es auf vier Arten bearbeiten können:

▶ **Verschaffen Sie sich eine Übersicht.**
Indem Sie das Werk durchblättern, die Stichworte am Anfang eines jeden Kapitels lesen, die ergänzende Literatur nachsehen, das Inhaltsverzeichnis als Menü auf die angesprochenen Inhalte ansehen.

▶ **Nur einige Kapitel lesen.**
Wenn Sie ganz spezielle Informationsbedürfnisse haben. Stellen Sie sich dafür Fragen, die das Kapitel jeweils betreffen.

▶ **Einmal ganz durchlesen.**
in Ihrer Lesegeschwindigkeit, jedoch ohne Anmerkungen zu machen, ohne stehen zu bleiben.
Danach wissen Sie, was Sie noch einmal vertiefen möchten. Vor dem Lesen bitte ich Sie, kurz innezuhalten und zu überlegen, was genau Ihr Motiv ist, sich mit dem Lesen zu befassen.
In ca. einer Stunde haben Sie die wesentlichen Inhalte erfasst.
oder
▶ **Mental lesen.**
Lesen Sie mit verschwommenem Blick. Schauen Sie auf das Werk. Sie sollten alle vier Ecken auf einmal sehen und nur auf die weißen Stellen Ihre Aufmerksamkeit richten. Blättern Sie nun von vorne bis hinten. Nun haben Sie die Inhalte auf einmal eingelesen. Machen Sie eine Pause. Dann nehmen Sie das Werk noch einmal auf, stellen sich eine Frage, den Inhalt betreffend, und lesen in einzelnen Kapiteln nach.
Sie haben in ca. einer halben Stunde das Wesentliche aufgenommen.

**Gewohnheiten aufgeben**

Es gibt eine Reihe von Chancen, die eigene Lesefertigkeit zu beschleunigen, bis hin zu neuen Sehtechniken, die das Erfassen von Information quasi auf einen Blick ermöglichen. Allerdings stellt die reine Beschleunigung nur eine Variante dar. Mehr Effizienz entsteht, wenn wir Gewohnheiten aufgeben, die das Leseverständnis erschweren. Eine routinemäßige Strategie für das verstehende Lesen ist zusätzlich erforderlich.

Jedoch ist es mit dem Kennenlernen von neuen Techniken nicht immer getan. In einigen Fällen geht es noch um das Erwerben einer grundsätzlichen Lesefertigkeit, ohne die ein Kurs in „Schneller lesen" fruchtlos ist.

Wir können nützliche Methoden der Visualisierung anwenden für den kreativen Umgang mit Lesestoff, so dass in verschiedenen Situationen und für jeden eine Technik gewählt werden kann, mit dem Lesestoff umzugehen.

Im vorliegenden Band erhalten Sie

▶ Tipps für das verstehende Lesen und für eine „Leseergonomie",

▶ Hinweise für das Umgehen mit Lesestörungen,

▶ Wege aufgezeigt, wie auf jeden Fall das Lesen schneller und effizienter werden kann,

▶ eine Strategie erklärt, mit der Sie eine Lesetechnik nach Wahl anwenden können,

▶ Hinweise für die Beschleunigung des Lesestils, so dass Sie diesen nach und nach anwenden können.

**neue Arbeitstechnik**

Ebenso wie sich Ihre derzeitige Lesefertigkeit im Laufe Ihres Lebens aufgebaut hat, ist es notwendig, der Kompetenz in einer neuen Arbeitstechnik einen Entwicklungsprozess der Aneignung, Verfestigung und persönlichen Ausprägung zuzugestehen.

**Für den neugierigen Leser die Lösung vorweg:**

Eine kombinierte Anwendung von zielbewusster Lesestrategie, ausgewählter Anwendung von Lesetechniken und gezielter Reaktivierung des Aufgenommenen bewirkt in jedem Fall eine Lesebeschleunigung.

Mit der F:A:S:T-Strategie wenden Sie eine veränderte Arbeitsmethodik im Umgang mit schriftlicher Information an. Durch konsequente Anwendung erreichen Sie bereits eine Beschleunigung der Lesearbeit, auch ohne Schnelllesetechniken anzuwenden.

*die F:A:S:T-Strategie*

Diese F:A:S:T-Lesestrategie sieht die folgenden Arbeitsschritte vor:

**F** – *in **fünf** Schritten erreichen Sie optimalen Leseerfolg*
**A** – *mit gezielter **Aufmerksamkeit** entdecken Sie die Hauptgedanken im Text*
**S** – *mit neuen **Sehtechniken** können Sie schneller lesen*
**T** – *Leseverständnis stellen Sie her durch **topologische** Verknüpfungen*

Der F:A:S:T-Leseprozess beinhaltet fünf Prozessteilschritte und zusätzlich drei Aspekte des suchenden Lesens, des Lesens unter dem Aspekt der Vernetzung mit vorhandenem Wissen und der Anwendung von speziellen Lesetechniken, je nach Können und Veranlagung.

Dieses Vorgehen zeichnet sich durch organisierte und strategische Vorgaben aus, wodurch das Lesen und das Umgehen mit Texten allgemein effizient wird. Es betrifft die am Lesezweck orientierte Lesetechnik und eine Vorsorge für das verstehende Lesen.

*am Lesezweck orientieren*

Die mit verschiedenen Lesegängen erfasste Information ermöglicht eine am Informationsziel orientierte Entscheidung, sich noch weiter mit dem Text zu befassen. Dadurch wird einerseits angemessen für das Behalten der Informationen gesorgt, andererseits zeitoptimierend gelesen.

# 1 Lesen – eine Arbeitstechnik

Informationen aufnehmen

Schneller lesen zu können, damit das Erfassen von Inhalten und Informationen schneller gelingt, ist der Wunsch von immer mehr Individuen.

In unserer Informationsgesellschaft beschäftigen wir uns zunehmend damit, Informationen angemessen aufzunehmen, zu erkennen, zu verarbeiten, zu speichern und zu vervielfältigen. Weil wir durch elektronische Medien darin unterstützt werden, vervielfältigt sich die Menge an Informationen, die der Bearbeitung und Sichtung harren. Wir können auch ein großes Mitteilungsbedürfnis feststellen, wenn wir nur an die vielen Fachzeitschriften, Zeitschriften, Bücher und die im Beruf notwendigen Ausarbeitungen denken. All die dort enthaltenen Informationen scheinen notwendig zu sein, sind aktuell zu lesen – und sind vor allem in schriftlicher Sprache vorhanden. Es wird wohl kaum eine Fertigkeit mehr gebraucht als die Lesefertigkeit.

In meinen Kursen für schnelleres Lesen, effiziente Wissensverarbeitung oder persönliche Informationstechniken entdecke ich immer wieder neben dem Wunsch,

- ▶ schneller zu sein,
- ▶ mehr zu behalten,
- ▶ mehr zu verstehen,
- ▶ endlich alles lesen zu können, was einen interessiert und
- ▶ Zeit zu sparen,

auch den Wunsch nach der Erklärung für persönliche Leseprobleme sowie Wünsche nach der schlüssigen und einzigen Rezeptur für den Transport fremden Wissens in den eigenen Kopf.

über Sprache Wissen mitteilen

In früheren Zeiten wurden Zeichen oder Schriften vor allem deswegen verwendet, um gesellschaftliche Ereignisse oder Regeln darzustellen, die meist als Vorbild vorgelebt wurden. Heute teilen wir über Sprache Gedanken, Regeln, Meinungen, Sachverhalte, Konzepte und Ideen sowie Wissen mit. Geschriebenes dient als Beweismittel, Normierungen erhalten so ihre Festlegung. Das Weitergegebene ist also etwas Ungegenständliches.

Die Schrift dient uns dazu, Informationen weiterzugeben, auf eindeutige und standardisierte Weise, sehr komprimiert und unabhängig von Zeit und Raum. Wir müssen nur die Schreibweise, die Sprache und die Bedeutung der Worte in der Sprache erlernen – den Code –, und schon können wir die Mitteilungen erkennen.

Alphabetisierung bedeutet also eine Normierung auf den Schriftcode.

Lesen wurde bisher als Kulturtechnik verstanden. Lesen ist nun eine Dechiffriertätigkeit der Jetztzeit, könnte man meinen.

**Lesen als Dechiffriertätigkeit**

Dennoch gibt es einerseits zunehmend Individuen, die quasi als Analphabeten durch die informierte Gesellschaft „taumeln", andererseits empfinden jene, die mit dem Lesen gut umgehen können, eine Informationsflut, mit der es neu umzugehen gilt.

Neben dem massierten Auftreten von Geschriebenem in nahezu allen Medien können wir aber auch ein deutlich vermehrtes Auftreten von Bildern und szenischen Darstellungen in allen Mitteilungsformen feststellen. Bilddarstellungen haben allerdings den Nachteil, dass sie noch mehr als die geschriebenen Mitteilungen individuell decodiert werden, so dass die Eindeutigkeit in der Breite verloren geht.

**Vielzahl von Büchern**

Lesen ist eine individuelle Fertigkeit, über sie begegnet jeder seinen sehr persönlichen Schwierigkeiten mit Schrift und Geschriebenem, schriftlicher Information, den Bedeutungen der Information, der Entschlüsselung der Information, Desorientierungen und verwirrenden Inhalten, Problemen mit dem Sehen.

**individuelle Fähigkeiten**

Jeder entwickelt, unabhängig von den Techniken, mit denen Lesen überhaupt gelernt wurde, seine individuelle Gewohnheit, mit den Sätzen und Worten umzugehen, teilweise auf nützliche oder erschwerende Weise. Auf diese Weise werden wir zu schnellen oder langsamen Lesern.

**persönliche Schwäche**

Lesen ist zudem eine Vorstufe zum Lernen von kodifiziertem Wissen, daher empfindet jeder den Mangel an (vermeintlicher) Effizienz darin als persönliche Schwäche.

Daher wird es verständlich, nach Wegen zu suchen, die mehr Erfolg verheißen.

## 1.1 Lesetechniken und Lesearten

**sechs Lesetechniken**

Als Lesetechnik unterscheiden wir

▶ **konventionelles Lesen**
Es folgt den bekannten Schemata aus der Schulbildung, wobei wir die organisierte Form unterstützen.

▶ **übersetzendes Lesen**
Es bezieht sich auf die schriftliche Kommunikation in Fach- und Wissenschaftssprache sowie Fremdsprache.

▶ **selektives Lesen**
Meint das gezielte Lesen von nur einigen Teilen im Text nach einem bestimmten Schema und kann bereits zum beschleunigten Lesen zugerechnet werden.

▶ **gleitendes Lesen, Flächenlesen**
Gleit- oder Flächenlesen meint das Erfassen einer ganzen Buchseite mittels einer Sehtechnik und einer Auswahltechnik und gilt bereits als schnelle Lesetechnik.

▶ **Schnelllesen**
Schnelllesetechniken bedienen sich gezielter Lese-/ Augenbewegungen im Text bzw. auf der Buchseite. Nähere Bezeichnungen dieser Techniken beziehen sich auf die Bewegungen, die das Auge machen soll.

▶ **mentales Lesen**
Hochgeschwindigkeitslesen und mentales Lesen beziehen das ganzheitliche defokussierte Sehen ein, über

das der „sprachlose, bildhafte" Hirnteil in uns (rechts) gegenüber dem beim Lesen meist angesprochenen linken Hirnteil besonders aktiviert ist, was das Auffassen von sehr viel Textinformation als Bildinformation ermöglicht.

Wir unterscheiden dann Lesearten, die einem bestimmten Zweck folgen.

*zweckmäßige Lesearten*

▶ **Überfliegendes Lesen**
Zur Information, Auswahl usw.
▶ **Unterhaltendes Lesen**
Zum Zeitvertreib.
▶ **Orientierendes Lesen**
Zum Klären der Struktur, der Inhalte, Vertiefungsaspekte, Entscheidung über Lesegang.
▶ **Einprägendes Lesen**
Zum Lernen, Studieren.
▶ **Distanzierendes Lesen**
Zur kritischen Würdigung, Korrekturlesen.

Diese Lesearten sind beispielsweise bestimmend für die Tiefe, in der die gewünschte Information zur Verfügung stehen soll.

## 1.2 Lesetechniken – wofür?

Situationen für beschleunigtes Erfassen von Informationen sind:

### 1. Lesen als wichtige Fertigkeit für die Kommunikation mit anderen

In manchen Fällen empfindet ein Individuum seine Lesefertigkeit als zu gering ausgeprägt, wenn von ihm schnelle Informationsaufnahme von geschriebenen Anweisungen oder Texten verlangt wird oder aber, wenn seine Umgebung diese Fertigkeit in hohem Maß (z.B. über eine wissenschaftliche Ausbildung) besitzt und diese von den gleichen Voraussetzungen bei anderen ausgeht.

*effiziente Lesestrategie*

**fremde Muttersprache**

Manchmal stelle ich eine fremde Muttersprache bei den Betroffenen fest, über die auch noch immer „gedacht" wird. Solange der Schriftsprachcode nicht als gewohntes Muster verankert ist, fällt zügiges Lesen schwer.

Dies trifft sicher für Leser mit Muttersprachen zu, die zudem einen vom lateinischen Schriftcode abweichenden Zeichenvorrat haben.

Aber auch wir können nur schwer zügig lesen, wenn wir im Kopf damit beschäftigt sind, die einzelnen Worte auf ihre Bedeutung zu decodieren, so z.B. bei Fremdsprachen.

Mit einer effizienten Lesestrategie kann hier eine grundsätzliche Beschleunigung erreicht werden.

## 2. Berufliche Tätigkeit

**auf dem Laufenden bleiben**

Besonders einige Berufsgruppen sind mit schriftlichem Material ständig befasst, z.B. Juristen allgemein, Gutachter, Unternehmensberater, Wissenschaftler, Wirtschaftsprüfer usw. Hier geht es meist um das Erfassen von Ausarbeitungen, Skripten, schriftliche Vorlagen, Beurteilungen oder um Fachmaterial, um auf dem Laufenden zu bleiben. Schnelllesetechniken und Lesestrategie erlauben eine veränderte Zeitorganisation und Informationsaufnahme.

Aber auch für andere in der Bürolandschaft Tätige ergibt sich eine große Menge an Leseerfassung über Briefe, E-Mails, Präsentationen usf.

Eine Lesestrategie vereinfacht den Bearbeitungsprozess und vermindert den Stress, der durch das Anhäufen von ungelesenem Material entsteht.

## 3. Lernen

**Informationen behalten**

Vielfach besteht der Wunsch von Auszubildenden, Studenten, Umschülern usw. nach effizienten Lesefertigkeiten. Vor allem der Wunsch nach dem Behalten der erfassten Inhalte drängt viele. Als Teilprozess des Lernens stellt eine effiziente Lesestrategie eine Vorstufe einer organisierten Wissensverarbeitung mit der Möglichkeit zur Inhaltserfassung dar. Beschleunigende Lesetechniken erleichtern die Verdichtung des Stoffs bei der Wiederholung.

Schnelllesetechniken erleichtern das begleitende Lernen für jede Situation, in der Wissen zur Verfügung stehen muss, sei es die Vorbereitung von Prüfungen, Referaten, Vorträgen.

## 4. Nachrichtenaufnahme

Zielorientiert nach den entscheidenden Informationen zu suchen und damit die Fachzeitschriften, Nachrichten, Zeitungen mit dem geringstnotwendigen Zeitaufwand zu sichten, ist einer der schnellsten Effekte nach dem Erlernen einer Lesestrategie und mit Schnelllesetechniken.

*geringer Zeitaufwand*

## 5. Schmökern

Romane, Krimis und belletristische Werke überhaupt sind in aller Regel so geschrieben, dass der Leser in eine Szenerie eintaucht und die Vision des Autors nacherlebt. Es wäre daher oftmals eine Verschwendung, wenn solches Lesematerial mit Schnelllesetechniken erfasst würde. Wir wollen doch ein besonderes Dinner nicht im Schnellrestaurant einnehmen, oder?
Allerdings kann es beruflich veranlasst sein, solche Werke schnell zu sichten, um in der Lage zu sein, Kaufentscheidungen zu treffen oder die Bedeutung für eine spätere Verwendung einzuschätzen.

*kein Schnellimbiss*

## 6. Kaufen von Fachliteratur

Hierfür eignen sich alle im folgenden vorgestellten Schnelllesetechniken.

## 2 Lesetypen

--- Tipp ---

● Schnelllesen erreicht man über die Vermeidung häufiger Stopps in einer Zeile, Unterlassen der Rücksprünge, Erweiterung der Blickspanne, Kontrolle harter Augenbewegungen zu weichem, fließendem Sehen bis hin zum Sehen mit dem „geistigen Auge", mit dem keine Wörter oder Zeilen mehr gesehen werden, sondern ganze Seiten.

● Leseleistung setzt sich also zusammen aus Sehtempo und Verständnisleistung.

● Zügiges Lesen ist Navigieren im Gedankensystem eines anderen. Dies führt zu einem organisierten und strategischen Vorgehen im Umgehen mit Lesestoff.

**Lerngeschichte**

Wir zeigen individuell unterschiedliche Verhaltensweisen beim Lesen. Diese haben ihre Wurzeln in unserer Lerngeschichte und auch in kulturellen Umfeldbedingungen. Außerdem zeigen unsere individuellen Wahrnehmungspräferenzen eine Wirkung für das Lesen.

Der folgende Fragebogen soll Ihnen helfen,

▶ eigene Verhaltensweisen beim Lesen einzuschätzen,

▶ nachdenklich zu machen, inwieweit das eine oder andere veränderbar ist,

▶ einen schnellen Einblick in die Vielfalt verschiedener Lesehaltungen zu erhalten.

**erschwerende Lesestörungen**

Bei einigen der unten beschriebenen Verhaltensformen verbergen sich auch bestimmte Lesestörungen, die auch noch im Erwachsenenalter existieren und die Informationsverarbeitung erschweren. Lesestörungen kann man durch bestimmte Maßnahmen beheben, in manchen Fällen empfiehlt sich ein persönliches Lesecoaching dafür. Ein Berater wird sich mit diesen Fragen Ihrem Lesebedürfnis und Ihrem Lesestil nähern.

Prüfen Sie sich selbst, wie Sie mit dem Lesen umgehen. Wie lesen Sie zurzeit (siehe Abbildung 1)?

| | immer | manch-mal | selten | nie |
|---|---|---|---|---|
| **1. Was lesen Sie am häufigsten?**<br>• Briefe<br>• E-Mails<br>• Tagesordnungen und vorbereitende Skripte für Besprechungen<br>• Protokolle und Aufzeichnungen von vergangenen Besprechungen<br>• Werbematerial und Prospekte<br>• Zeitungen<br>• Fachzeitungen<br>• fachbezogene Literatur, Aufsätze<br>• Bücher<br>• Fachbücher<br>• anderes | | | | |
| **2. Warum müssen Sie diese Texte lesen?**<br>a) In absehbarer Zeit wird von Ihnen die Kenntnis erwartet.<br>b) Es gibt nützliche Hintergrundinformationen über aktuelle Fachinformationen.<br>c) Es gibt sinnvolle Informationen über das aktuelle Geschehen.<br>d) Die Informationen dienen dem fachlichen Dazulernen.<br>*Notieren Sie zu jedem der oben genannten Punkte a, b, c, oder d Ihre Begründung.* | | | | |
| **3. Persönliches Lesetempo**<br>Sie lesen zügig und ohne jemals anzuhalten.<br>Sie lesen genau jedes Wort.<br>Sie überlegen manchmal, ob der Autor dies angemessen formuliert hat, und finden ggf. eine neue Ausdrucksform.<br>Sie haben visuelle Vorstellungen von den beschriebenen Dingen.<br>Sie können öfter die Hauptaussage eines Textes nicht wiedergeben oder nur einige Details davon.<br>Sie haben eine „schlechte" Rechtschreibung, und auch das spontane Ermitteln eines neuen Wortes fällt sehr schwer. | | | | |

| | immer | manch-mal | selten | nie |
|---|---|---|---|---|
| Sie sprechen innerlich die Worte mit. | | | | |
| Sie haben Schwierigkeiten, die Laute der Wörter (wieder) zu erkennen. | | | | |
| Sie haben öfter Schwierigkeiten, das Gelesene zu behalten. | | | | |
| Sie überspringen beim Lesen auch mal einige Worte. | | | | |
| Manche Worte, die sich nicht gleich erkennen lassen, erschließen Sie durch den Kontext. | | | | |
| Sie lesen sehr konzentriert und genau, damit Ihnen nichts entgeht. | | | | |
| Sie gehen auch mal im Text zurück, damit Sie sicher sind, alles erfasst zu haben. | | | | |
| **4. Leseorganisation** Sie lesen das Ende zuerst. | | | | |
| Auch wenn Sie nicht verstehen, was der Autor meint, er wird schon Recht haben, weil er es ja geschrieben hat. | | | | |
| Sie verschaffen sich zunächst einen Überblick, bevor Sie mit dem Lesen beginnen. | | | | |
| Sie lesen Seite für Seite bis zum Ende. | | | | |
| Sie notieren Ihre Anmerkungen am Rand. | | | | |
| Sie markieren mit einem Leuchtstift die interessanten oder wichtigen Stellen im Text. | | | | |
| Sie haben ein persönliches Notationssystem. | | | | |
| Ihre Gedanken schweifen oft ab beim Lesen. | | | | |
| Sie verwenden eine Zeilenhilfe für das Lesen. | | | | |
| Sie klären Unverstandenes vor dem Weiterlesen sofort. | | | | |
| Sie übergehen bestimmte Zeichen beim Lesen. (Zeichen, Formeln, Zahlen, Namen) | | | | |
| Sie lesen manchmal mehrere Bücher parallel. | | | | |
| Sie haben es immer sehr eilig beim Lesen und überspringen manchmal auch Zeilen. | | | | |

| | immer | manch-mal | selten | nie |
|---|---|---|---|---|
| **5. Zufriedenheit mit dem Leseaufwand** <br><br> Sie stellen einen sehr hohen Zeitaufwand für Ihr Lesen fest. <br><br> Im Vergleich mit anderen lesen Sie langsam. <br><br> Lesen ermüdet Sie sehr, und Sie lesen eigentlich nicht gern. <br><br> Sie lesen gern und meistens schnell. | | | | |

**Abb. 1:** Wie lese ich?

## 2.1 Schnelles und langsames Lesen

Eigentlich benutzen wir fast alle (noch) die Methode des Lesens, die wir als Schulanfänger gelernt haben.

*Lesen wie Schulanfänger*

▶ **Wortbildmethode**
Über Wortbildkarten wurden zunächst Worte als dazu-gehöriges Schriftbild zugeordnet, unterstützt mit den passenden Abbildungen, die dann nach und nach weg-gelassen wurden. Über das wachsende Grundvokabular wird Routine entwickelt – hier handelt es sich im We-sentlichen um das Erlernen von Wort- bzw. Silben-mustern.

▶ **Buchstabier- oder Lautiermethode**
Hier haben wir erst die Buchstaben, dann die Laute und dann die Verbindung der Lautgruppen zu Wörtern erlernt, so dass wir dann neue Wörter zusammensetzen konnten und aussprechen sollten. Manche haben auch ein verbundenes Verfahren der Methoden kennen ge-lernt.

▶ **Stilles Lesen**
Weitgehend durch lautes Lesen und mit dem Finger unter den Buchstaben als Leithilfe erwarben wir dann ein Ge-fühl für den Klang und das erfolgreiche Zusammensetzen der Wörter zu Sätzen. Nur wenige, eilige Schüler na-beln sich von diesem für sie langweiligen Vorgehen ab

und entwickeln eigene, meist sehr schnelle Varianten des stillen Lesens. Wir anderen werden angehalten, den Finger als Lesehilfe wegzulassen, und nach und nach werden wir zum stillen Leser, wobei sehr viele, insbesondere wenn das Lesen schwierig erscheint, innerlich mitsprechen.

▶ **Lesen als Problem**
Für einige ergibt sich die deprimierende Erfahrung, dass die geschriebenen Sätze nur schwer entschlüsselbar bleiben, weil sie über eine über die Norm herausragende Eigenschaft verfügen, die ihnen die Zeichen und Schriften eher dreidimensional erscheinen lassen. Sie entwikkeln Stresssyndrome beim Lesen und Schreiben, die sich bis zu einer negativen Lernkarriere auswirken können. Diese Leser werden ungern lesen und lieber auf Bildmaterial ausweichen, und wenn, dann langsam. Vielleicht entwickeln sie auch Fähigkeiten, dieses anderen zu überlassen und die Ergebnisse vortragen zu lassen.

Die so erlernten Lesegewohnheiten manifestieren sich zu einem ineffektiven Lesestil.

**durchschnittliches Lesetempo**

Das durchschnittliche „normale" Lesetempo umfasst etwa 150 bis 250 Wörter pro Minute (wpm). Allerdings setzt dies eine gewisse Gewohnheit voraus, mit Texten verschiedener Art umzugehen. Ungeübte erwachsene Leser bringen es nur auf 90 bis 160 wpm. Mit einem Schnelllesetraining kann man leicht 500 wpm erreichen, ein guter Schnellleser erreicht bis 900 wpm. Für das Lesen mit Hochgeschwindigkeitstechniken findet man unterschiedliche Angaben zwischen 1200 wpm (als langsame Variante) bis 12000 wpm (Wettbewerbserfolge).

**Wie misst man die Leseleistung wpm?**

Sie können Ihre durchschnittliche Leseleistung selbst messen, wenn Sie die folgenden vier Schritte befolgen:

1. Lesen Sie einen mittelschweren Text – eine Minute lang. Vorher markieren Sie Beginn und Ende im Text.

2. Zählen Sie aus fünf Zeilen die Anzahl der Wörter aus, und dividieren Sie diese durch fünf. Sie erhalten so die durchschnittliche Anzahl der Wörter pro Zeile (wpz).

3. Zählen Sie die von Ihnen in der einen Minute gelesenen Zeilen (gz).

4. Die Durchschnittszahl der Wörter pro Zeile multiplizieren Sie mit der Anzahl der gelesenen Zeilen. Sie erhalten so die Lesegeschwindigkeit pro *Minute* (wpm).

Als Formel:
$$wpm = \frac{gz \times wpz}{Minuten}$$

auf Seiten bezogen:
$$wpm = \frac{Anzahl\ Seiten \times wp\ Seite}{Anzahl\ Leseminuten}$$

**Ist schnelles Lesen immer möglich?**

Geübte und geschulte Leser schaffen in der Regel stets eine höhere Lesequote als Normalleser. Allerdings können wir auch vom Lesestoff ausgehend verschiedene Lesetempi annehmen. So unterscheidet Zielke zwischen Unterhaltungslektüre, Berufslektüre, wissenschaftlichen Fachartikeln und technischen bzw. fremdsprachlichen Texten. Dafür nimmt er dann ein Sinken des Lesetempos bis auf 75 wpm an für das übersetzende Lesen, wobei er die Leistungsspanne für die andere Lektüre auf zwischen 250 wpm für leichtes bis 135 wpm für sorgfältiges Lesen (z.B. von Fachartikeln) ansetzt.

Die Reduktion ergibt sich daraus, dass es um das Verständnis des Gelesenen geht, wenn die Leseleistung ermittelt werden soll. In etlichen Büchern über Schnelllesetechniken findet man daher eine große Anzahl von Texten, deren Wörter ausgezählt sind und nach deren Lesen eine Abfrage auf inhaltliche Aspekte stattfindet. Aus der Anzahl der richtigen Antworten wird dann ein Quotient für das Leseverständnis gebildet. Durchschnittlich liegt die Leseverständnisleistung bei 50 bis 60 Prozent.

*Lesetempo erhöhen*

*Verständnisleistung*

Aus diesen Beobachtungen leiten sich die meisten Techniken für beschleunigtes, schnelles und Hochgeschwindigkeitslesen ab.

**Skepsis gegenüber Schnelllesern**

Berichte über Erfolge von Schnelllesern sind in aller Regel mit Skepsis zu genießen. Meist wird nicht darüber unterrichtet, um welchen Lesestoff es sich handelte. Wir dürfen davon ausgehen, dass es sich um leichte Lektüre handelt. Diese Schnellleser haben eine Kontrolle über ihre Augenwahrnehmung, die sich (nach und nach) trainieren lässt.

## 2.2 Lesearbeit ist Augenarbeit

Wir können bei einem Lesenden beobachten, wie er liest und ob er ein schneller Leser ist.

Schauen Sie einmal zu, wenn jemand vor Ihnen oder neben Ihnen etwas liest. Sie werden erkennen, dass seine Augen sich ständig bewegen. (Man könnte dies auch mit einem Spiegel speziell beobachten.)

▶ **Augenbewegungen**
  Sie sehen, dass sich die Augen ruckhaft weiterbewegen, dass also der Leser stets eine kleine Weile, individuell verschieden lang, um das Wort, Wörter oder gar Zeichen zu erkennen, mit dem Auge stehen bleibt. Wir nennen dies auch Fixationen oder Stopps. Schnelle Leser benötigen also offenbar nur eine kürzere Zeit für das Erkennen oder Zur-Kenntnis-Nehmen von Wörtern, Wortgruppen oder Sätzen.

**das Auge liest im Ruhezustand**

Das Auge kann nur im Ruhezustand, wenn es „steht", richtig sehen. Nur zwei bis drei Buchstaben auf den beiden Seiten des Fixationspunktes sind tatsächlich scharf (gestellt), bereits ein Drittel weniger sehen wir in ca. 1,3 cm Entfernung davon. Deswegen können wir nicht eine ganze Zeile erfassen, bewegen uns schrittweise daran entlang und sorgen dafür, dass das entsprechende Wort im Schärfebereich ist. Mit jedem Stopp nehmen die langsamen Leser nur ein Wort auf, zügige Leser bringen es auf 2,5 Wörter. Das liegt an der ungleichen Augenspanne des jeweiligen Lesers.

▶ **Augen- bzw. Blickspanne**
Man kann nun die Augenspanne errechnen, indem man die Zahl der Wörter auf der gelesenen Zeile durch die Zahl der Pausen des Auges auf der Zeile dividiert.

Eine Augenspanne kann man sich wie eine Ellipse vorstellen (mit horizontaler und vertikaler Ausdehnung. Die vertikale Ausdehnung umfasst ca. 50 bis 60 Prozent der horizontalen Ausdehnung der Augenspanne). Ein langsamer Leser mit kleinen Augenspannen hat Überschneidungen und unregelmäßige Bewegungen. Ein zügiger Leser reduziert diese Überschneidungen, kann dadurch weniger Stopps einlegen und dementsprechend schneller lesen.

schnelles Lesen durch weniger Stopps

▶ **Zurückspringen**
Wir können aber auch Rückwärtsbewegungen sehen, die meist dann auftreten, wenn etwas nicht verstanden wurde. Das verlangsamt den Leseprozess.

Das Auge nimmt über die Linse ein Abbild eines Objekts auf, hier eines alphanumerischen Symbols, das über die Netzhaut empfangen und vom Sehnerv an das Gehirn übermittelt wird. Das Gehirn nimmt die Aufnahme selektiv nach den Funktionen wesentlich/unwesentlich vor und ordnet die Bedeutung zu.

das Gehirn wählt aus

Weil es Wörter mit verschiedenartigen Bedeutungen gibt, ist es notwendig, dass das Gehirn auch die kontextuelle Zuordnung vornimmt. Hier zeigt sich, dass die Kenntnis der Wörter und deren Bedeutung notwendig ist, was oft auch erfahrungsbedingt ist.

Lesen stellt sich als komplexer physischer und mentaler Prozess dar, wobei die Augenmuskeln vom Gehirn koordiniert werden.

Wörter deuten

Es zeigt sich einerseits, dass die adäquate Funktion der Augen und die neurologischen Funktionen gewährleistet sein müssen. Andererseits entsteht erst das Verständnis des wahrgenommenen Textes durch die Zuordnung der Bedeutung. Wahrnehmung ist deutlich schneller realisiert als das Deuten der Wahrnehmung. Die wahrgenommenen Wörter müssen gedeutet werden und in die Relation zu den anderen Wörtern gebracht werden.

Die Beschleunigung des Lesens ist allerdings davon abhängig, wie es gelingt, die Ausdehnung der individuellen Blickspanne zu erreichen und das Zurückspringen im Text zu verhindern.

### 2.3 Lesen und Verstehen

Informationen
entschlüsseln

Die Fähigkeit des Textverstehens ergibt sich aus einem zielorientierten Vorgehen und dem Bezug auf die Gedanken des Autors sowie deren Entschlüsselung als Information durch den Leser.

Damit ergibt sich, dass das Leseverständnis ein subjektiver Prozess ist. Früher glaubte man, dass der Löwenanteil einer Information beim Lesen aus dem Text stammt. Es galt, unter diesen Prämissen die einzig gültige Information herauszulesen. Heute ist bekannt, dass der größte Teil an Information beim Lesen produziert wird und aus dem Kopf eines Lesers stammt (vgl. Werder, Goodman, Neil, dort zitiert).

notwendige
Verständnis-
muster

Was bedeutet das? Die vorhandene Leseerfahrung und das Wissen des Individuums produziert letztlich das, was als Information aus dem gelesenen Text entnommen wurde. Das bedeutet aber auch, dass dem Leser das Verstehen eines Textes schwer bis unmöglich ist, wenn es nicht ein Verständnisschema enthält, das den Deutungsmustern des Individuums entgegenkommt.

Will also ein Leser sich mit Text befassen, deren Codes und Bedeutungsschemata er nicht kennt, hat er nichts davon. Oder noch einfacher: Wenn wir nicht chinesische oder japanische Zeichen lesen können, können wir sie auch nicht als Informationsträger entziffern oder entschlüsseln – also lesen, wohl aber als Bild betrachten:

漢字

Wir wollen damit aber auch aufzeigen, dass das Lesen von Texten, in die man sich nicht „einliest", wenig sinnvoll ist. Dieses Einlesen findet auf verschiedenen Ebenen statt:

▶ thematisch,
▶ sprachlich,
▶ strukturell,
▶ argumentativ.

Daher ist für ein erfolgreiches und zügiges, zeitoptimierendes Lesen ein Vorgehen vorzusehen, das diese vier Aspekte des Leseverstehens unterstützt.

| 1. | 2. | 3. | 4. | 5. | 6. | 7. | 8. |
|---|---|---|---|---|---|---|---|
| Ziel: Verwertung Anwendung Reproduktion | Zentralen Gedanken verstehen Hypothese über Textaussage bilden | Zusammenhängende Aspekte und deren Details selektieren | Bestimmte Informationen finden für die Lösungen einzelner Fragen oder Problemstellungen | Verdichtung zu einem klaren Bild über die Aspekte eines Problems | Neue Problemstellungen entwickeln oder entdecken | Argumentationsweg und Standpunkt des Autors würdigen | Gültigkeit von Aussagen beurteilen |

**Abb. 2**: Prozessmodell des Leseverständnisses

## 2.4 Person und Lesestil

Wir alle haben einen unterschiedlichen Stil, mit Informationen umzugehen (siehe Abbildung 3).

*unterschiedliche Stile*

Beginnend bei

▶ der Wahrnehmung, die für uns die Informations„annahme" über das Sehen, Hören, Spüren/Fühlen herstellt,

über

▶ die Denkgewohnheit, die (die zwar zunächst blitzschnelle) Verarbeitung herstellt, aber dann durch die individuelle sehr subjektive Vorgehensweise der Deutung und Zuordnung der aufgenommenen Informationen eine eigene Verarbeitungsqualität erzeugt,

und

▶ dem Gedächtnistyp, der, orientiert an für die Person sinnvolle und schlüssige Verfahren, Verknüpfungen und Verbindungen mit dem vorhandenen Wissen „verwebt",

bis zu

▶ der Persönlichkeit, die die Integration von Informationen in das Handeln und die Entscheidungen vornimmt sowie die Art bestimmt, mit der Außenwelt zu kommunizieren.

Die Kombination dieses individuellen Stils zeigt sich dann auch im Umgang mit Lesestoff.

**Begegnung mit dem Autor**

So kommt es beispielsweise zu schnellem aber unkonzentriertem Lesen, gründlichem, jedoch nicht verstehendem Lesen, interessenorientiertem bzw. meinungsorientiertem Lesen, verschlingendem Lesen usw. Im Grunde begegnet ein Leser im Leseprozess zwei Menschen: sich selbst und dem Autor. In diesem schweigenden Dialog teilt der Autor seine Gedanken und Phantasien mit, der Leser nimmt sie an oder nicht, geht mit diesen um, nutzt sie oder verwirft sie, integriert sie oder lehnt sie ab.

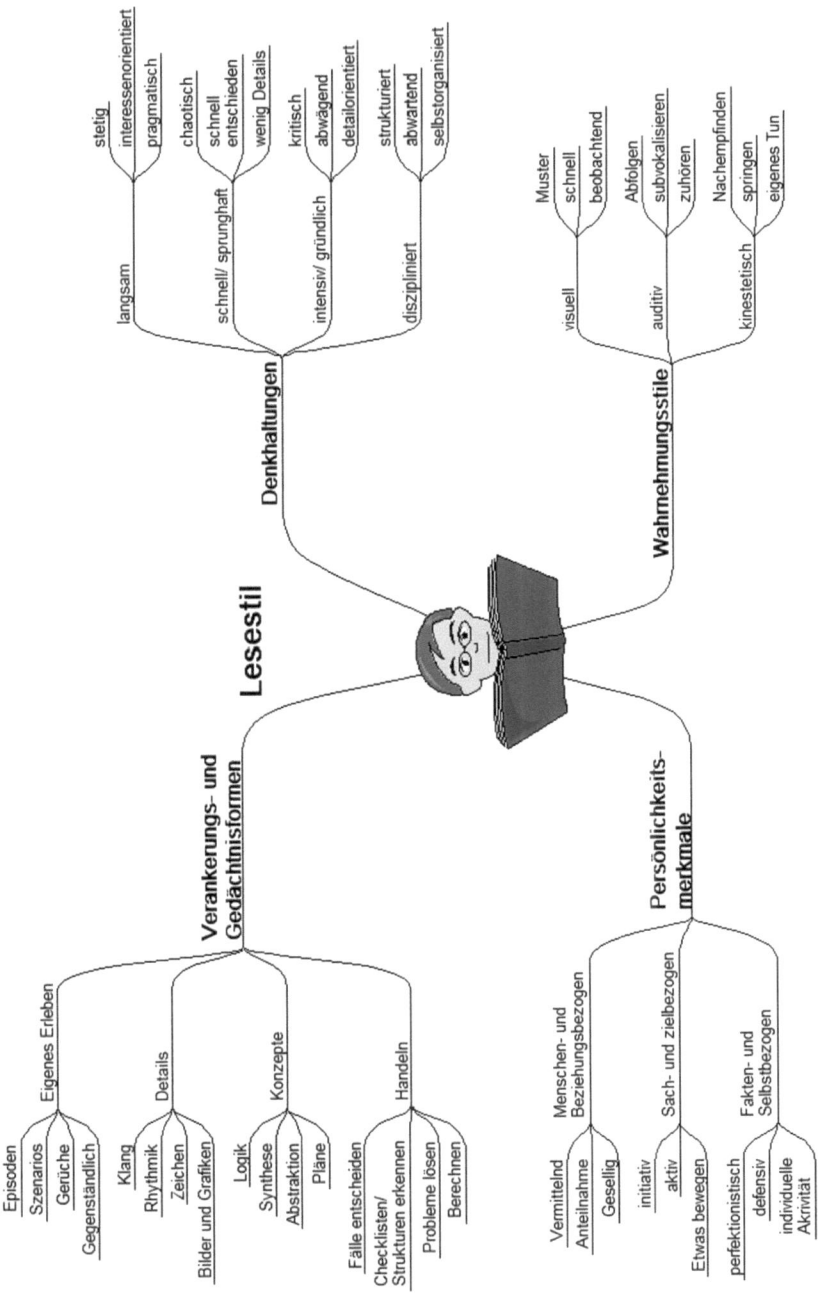

**Abb. 3:** Jeder Leser hat seinen eigenen Stil mit Informationen umzugehen

# 3 Lesehaltungen

---
**Tipp**

● Lesehaltungen beziehen sich auf die innere Einstellung und die Umgangsweise mit Texten.
● Die Sehgewohnheiten beim Lesen beschränken die Lesegeschwindigkeit.

---

**fehlerhafte Beurteilung durch Stress**

Geringe Orientierung darüber, warum wir etwas lesen, oder eine negative Einstellung gegenüber dem Thema oder dem Autor lenkt die Aufmerksamkeit auf subjektive oder Randdetails, die am Hauptgedanken vorbeiführen. Lesen unter Stress führt zur unkoordinierten und unkontrollierten selektiven Aufnahme des Gelesenen und ggf. zu Fehlern bei der Beurteilung der Inhalte. Durch vorgeprägte Lesegewohnheiten beeinträchtigen wir unsere Lesefähigkeiten.

## 3.1 Leseängste und Blockierungen

**Einschränkung der Inhaltsaufnahme**

Leseblockaden wirken sich als Störungen aus, wenn ein organisiertes Vorgehen im Umgang mit Texten fehlt. In aller Regel bewirken diese die Einschränkung der Inhaltsaufnahme, so dass das Behalten beeinträchtigt wird. Leseblockaden können entstehen aus fehlender Strategie, mit Texten umzugehen, oder aus desorganisiertem Verhalten beziehungsweise Desorientierungen beim Lesen.

**Drauflosesen führt zu Lesestörungen**

Einfaches Drauflosesen führt oft zu Lesestörungen, Verwirrung und Frustration, wenn eine Orientierungslosigkeit über Ziel und Ergebnis besteht. Manche Leser haben aufgrund alter Erfahrungen und wenn sie sich in Situationen hoher Leistungserwartungen befinden, Ängste, die sich auf das Lesen überhaupt auswirken können. Das sind meist Ängste, nicht schnell genug oder richtig genug das Wesentliche zu erfassen. Fehlendes Know-how über Darstellungsformen und Argumentation führt zu unsicheren Meinungsäußerungen, die nicht nachvollzogen werden können, somit auf die Erwartungsangst der richtigen Lesart treffen.

Durch fehlende Übersicht geschieht eine Fixierung auf Details oder Randphänomene. Kreativer Umgang mit den Inhalten, Einbringen eigener Ideen zur Meinung des Autors unterbleibt, die Aufmerksamkeit für die Logik des Autors fehlt, so dass die Ableitung eigener Argumentationen wegfällt. Statt Diskussion von Sachverhalten besteht die Gefahr der subjektiven Auffassung.

**fehlende Übersicht**

Im Leseprozess findet unter diesen Bedingungen keine Priorisierung der gelesenen Zusammenhänge statt, die Gefahr falschen Zitierens oder Exzerpierens besteht, häufig wird dann mit einer ungeeigneten Aufzeichnungstechnik gearbeitet.

## 3.2 Ineffektiver Lesestil

Aus der Schulausbildung kennen wir ein Literaturtraining, das auf das Lesen vom Beginn eines Werkes bis hinten abhebt. Allerdings ist der Leseunterricht eigentlich belletristisch orientiert. Die meisten haben nicht gelernt, mit sachbezogener Information anders umzugehen als mit Belletristik. Diese mag die Seite für Seite abfolgende Lesart fordern. Sachliteratur ist jedoch bereits geordnete Information, die ein anderes Vorgehen verlangt. **Auf der Strecke bleiben die Lesemotivation, die Fähigkeit der ganzheitlichen Informationsaufnahme und zielorientierte Verwertung der Information.** Viele entwickeln dann ein schlechtes Gewissen dabei, „so viele Bücher nicht zu Ende zu lesen".

**Literaturtraining**

Es ist eigentlich schade, dass so viele Interessen vorhanden sind und Informationsbedürfnisse existieren, jedoch wenig Strategien dafür, diese Interessen zu realisieren.

Fachliteratur wird eigentlich heute nur noch unter dem Aspekt geschrieben, einen selektiven und passgenauen Zugang zur gesuchten Information zu schaffen. Daher ist es heute sinnvoll, eher die Aspekte, die gerade interessieren, intensiver zu lesen, alles andere zu sichten.

**passgenaue Fachliteratur**

## 3.3 Überzeugungen

enttäuschende
Erfahrungen

Für das Herangehen an Geschriebenes sind aufgrund enttäuschender Erfahrungen individuell negativ wirkende Überzeugungen entstanden wie:

▶ Nur wenn du etwas genau genug liest, wirst du den Inhalt behalten.
▶ Ich verstehe zu wenig von dem, was da geschrieben ist.
▶ Ich habe zu viel zu lesen und zu wenig Zeit.
▶ Ich muss mich konzentrieren beim Lesen, um alles genau zu erfassen.
▶ Berufliches Lesen macht keinen Spaß.
▶ Lesen für das Lernen ist ernsthaft.
▶ Ich bin zu dumm für die richtige Interpretation der enthaltenen Gedanken.
▶ Schnelllesen ist anstrengend und nicht möglich.
▶ Schnelllesen beeinträchtigt das Verstehen.

Solche Überzeugungen sind haltbar, weil sie vermeintlich bewiesen sind. Um neue Herausforderungen zu meistern, ist es allerdings notwendig, alte Muster beiseite zu lassen, um neue Erfahrungen machen zu können.

## 3.4 Konzentration

lesen, ohne
zu lesen

Fehlende Konzentration oder Aufmerksamkeit ist entscheidend dafür verantwortlich, ob wir etwas lesen, „ohne es zu lesen". Die Folge ist, dass wir oft seitenweise automatisch die Sätze herunterlesen, erst später wird uns bewusst, dass wir gar nicht wissen, was wir lasen, und wir springen zurück, voller Schuldbewusstsein wegen unserer fehlenden Konzentration.

Ein anderes Mal ist ein Wort ein Auslöser für ein Abschweifen der Gedanken, die Einkaufsliste, Telefongespräche usf.

Langsames Lesen verführt zu unkonzentriertem Lesen. Statt ausschließlich auf den Text zu achten, vagabundieren die Gedanken, springen von Thema zu Thema, der Text wird zwar abgetastet, aber nicht erfasst.

Beim Lesen haben die meisten Gewohnheiten entwickelt, die sie als Unterstützung für ihre Konzentration oder das Behalten der Inhalte empfinden. Viele dieser Maßnahmen ziehen jedoch andere Nebenwirkungen nach sich. So sind das Markieren während des Lesens, Exzerpieren oder Musik während des Lesens nicht ohne weiteres zu befürworten oder zu verneinen, denn wir sind aufgrund unserer Wahrnehmungs- und Denkpräferenzen unterschiedlich empfindlich dafür. Zudem hat jede begleitende Tätigkeit einen anderen Zweck als den des Lesens, was zunächst eine Ablenkung bedeutet. Auch Trinken, Essen usw. gehören dazu.

*ablenkende Gewohnheiten*

Die Lage des Lesestoffs spielt eine große Rolle für ein ungehindertes Lesen, aber auch motorisch-physiologische Ursachen können eine Rolle spielen.

Im Anhang sind einige Tipps bezüglich Arbeitsumgebung und weiterer beeinträchtigender Lesestörungen aufgeführt.

## 3.5 Sehgewohnheiten

Typische Verlangsamung des Lesens stellen Rücksprünge und häufige Stopps dar. Diese zeigen sich aber häufig bereits beim Lesen einzelner Sätze, wenn der Leser unsicher über die Bedeutung des ganzen Satzes ist. Sie beruhen meist auf Ängstlichkeit und behindern das kontinuierliche Textverständnis. Da sowieso ungefähr ein Zehntel der Wörter unverstanden bleibt, können diese auch später noch einmal aufgegriffen werden.

*Rücksprünge und häufige Stopps*

Eine weitere typische Verlangsamung stellt das Subvokalisieren dar. Hiermit ist das innere Mitsprechen der Wörter gemeint. Lesen Sie einmal zwei bis drei im Stillen für sich, und lesen Sie diese Sätze dann laut noch einmal vor. Sie werden feststellen, dass dies langsamer geht. Dies zu vermeiden ist zwar wünschenswert, jedoch für einige Leser nicht ad hoc realisierbar, sie müssen erst erfahren, dass nur kleine Beschleunigungen nicht auf Kosten der Verständnissicherheit gehen.

*Mitsprechen der Wörter*

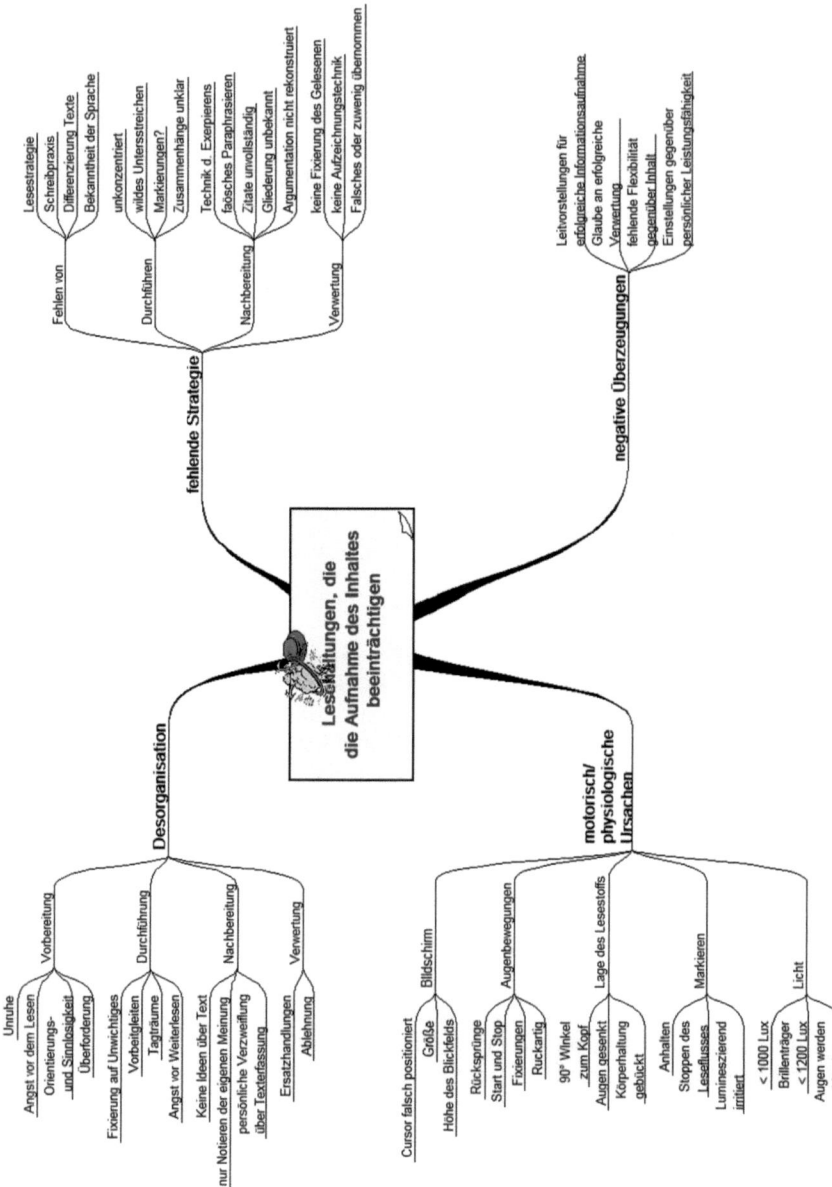

**Abb. 4:** Lesehaltungen beziehen sich auf die innere Einstellung und die Umgangsweise mit Texten

# 4 Effizientes Lesen beginnt mit einer (neuen) Strategie

---
**Tipp**

- Anwenden einer Lesestrategie sollte Bestandteil jedes Lesevorganges sein, bis sie zur selbstverständlichen Routine wird.
- Organisiertes Lesen entlastet uns dabei, Zeit für Wichtiges zu haben.
- Mit erschließendem Lesen können wir vertiefend Information aufnehmen und behalten.
- Kreative Methoden der Bearbeitung von Texten führen zur Weiterentwicklung und eigenen Ergebnissen bei lernender Lesearbeit.

---

Eine geschickte Strategie im Umgang mit Informationen und unterschiedliche Taktiken zum Erfassen von Informationen bewirkt Zeitökonomie und gute Behaltensleistungen.

*Zeitökonomie*

Die meisten, die unter Zeitdruck stehen, versuchen einfach, schneller zu lesen, und sind oft unbefriedigt, weil sie doch wieder den Lesestoff neu aufgreifen müssen. Daher sind hastige Lesevorgänge kein guter Weg, um sich von dem Lesedruck zu befreien.

Gleicher Lesestoff hat einen unterschiedlichen Schwierigkeitsgrad für die Individuen. Allerdings müssen Texte unterschiedlichen Schwierigkeitsgrades auch unterschiedlich schnell bzw. gründlich gelesen werden. Wollen wir also unser Lesen beschleunigen, ist gleichzeitig das Ziel zu verfolgen, das Gelesene zu verstehen und zu behalten.

*Tempo an Text anpassen*

Meistens verlangen wir von uns, dass wir mehrere Arbeitsvorgänge beim Lesen bewerkstelligen. Dieses ist das Erkennen wichtiger Textstellen, das Verfolgen der Gedanken des Autors und gleichzeitig die Verankerung des Gelesenen in unserem Gedächtnis.

Dies stellt hohe Anforderungen an unsere mentale Fähigkeit, Informationen zu verarbeiten. Das gelingt uns besser,

*mentale Fähigkeit*

wenn wir in dem Thema bereits sattelfest sind und keinerlei Schwierigkeiten mehr haben, die enthaltenen Schlüsselwörter zu kennen und auszuwerten, Zuordnungen und Widersprüche zu erkennen.

**organisiert statt planlos**

Allerdings hat entscheidenden Anteil an unserem Erfolg, ob wir organisiert darangehen statt planlos.

**Organisiertes Lesen** gehen Sie so an:

▶ **Leseziel klären,**
▶ **Lektüre planen,**
▶ **Konzentration im Leseprozess aufrechterhalten,**
▶ **Leseergebnisse aufnehmen,**
▶ **Gelesenes wiedergeben.**

Die Schritte 4 und 5 können auch in zeitlich und organisatorisch sparsamer Form vorgenommen werden. Diese Struktur des organisierten Lesens liegt auch der F:A:S:T-Strategie (siehe Abschnitt 5) zugrunde.

## 4.1 Organisiert lesen

Grundsätzlich ist zu unterscheiden, ob wir mit dem Lesen gerade lernen wollen oder in beruflichem Zusammenhang kürzere oder längere Texte lesen und deren Inhalte kennen müssen.

**systematisches Lesen**

Für beruflich veranlasstes informatives Lesen ist es hilfreich, das zu bearbeitende Material systematisch zu lesen. Gehen Sie selektiv mit nicht benötigter Information um, wenn sie zum gerade bearbeiteten Thema nicht passt, das heißt also, sondern Sie diese entschieden aus.

Wie können wir mit Schriftgut umgehen, das uns in Massen erreicht? Wenden wir doch Regeln der allgemeinen Arbeitsorganisation an (siehe Abbildung 5):

▶ Lesen von längeren Schriftstücken im Büro in eine Zeit legen, die frei von ständigen Störungen ist.

▶ Lesen von Briefen, E-Mails usw. kann ebenfalls gesteuert werden, die Bearbeitung sollte unter dem Aspekt erfolgen, welche der Mitteilungen eine eigene Zeit der Bearbeitung erfordern.

▶ Lesen von Büchern oder Fachliteratur zu Qualifizierungs- oder Weiterbildungszwecken planen wie Termine.

▶ Orientierendes Sichten von Fachzeitschriften oder Ähnlichem mit dem Zweck der Entscheidung über späteres Bearbeiten usw. lässt sich zwischen Terminen einfügen.

Überfliegen Sie zunächst Information darauf, ob und welche Bearbeitung notwendig wäre und ob die anschließende Wiederaufnahme (am richtigen Ort und zur richtigen Zeit) notwendig ist. Außerdem, ob ein Notieren, Exzerpieren oder die Ablage sinnvoll ist (siehe Abbildung 6).

*Informationen überfliegen*

| | Entscheiden | Tun | Begründung |
|---|---|---|---|
| 1 | Kein Interesse Zur Kenntnis | Wegwerfen | Unproblematisch zu ersetzen |
| 2 | Ein anderer kann das besser oder kostengünstiger erledigen | Delegieren | Nicht zum Aufgabengebiet gehörig |
| 3 | Termin setzen | Bearbeiten | Definitiv eigenes Handeln erforderlich |
| 4 | Ablageschema | Ablegen | Soll/Kann nicht weggeworfen werden |

**Abb. 5:** Umgang mit Papierflut

Müssen Sie viel lesen, weil Sie sich in einer Qualifizierungsmaßnahme befinden, gar wissenschaftlichen Ausbildung oder einer längerfristigen Fortbildung, ist es wichtig, in mehreren Schritten vorzugehen.

*schrittweise vorgehen*

▶ Zunächst: Das Lesen muss in eine Lernplanung eingebunden werden. Dies beinhaltet neben einer längerfristigen Zeitplanung auch die Vorsorge für Lesezeiten, damit Sie ungestört und konzentriert Ihre Lesearbeit bewältigen können.

| Was? | Tun? | Wann? |
|---|---|---|
| Schriftstück | Kennzeichnen | Nach Verfalldatum |
| Zwischenablage | Austausch neuer Information | Veraltete Information |
| Informationsordner | Drei unnötige Informationen wegwerfen (Dreier-Regel) | Dreier-Regel anwenden, wenn etwas gesucht wird |
| Ablage insgesamt | 50 Prozent rauswerfen | Wenn sie voll ist |
| Infos und Mappen mit niedriger Priorität | Durcharbeiten | Zwischendurch bei Wartezeiten |
| Hohe Papierstapel | Unteren Teil wegwerfen | Wenn schon mehr als zwei Jahre darin |

**Abb. 6:**  Rationelle Bearbeitung der Ablage

▶ Überfordern Sie sich nicht, und lesen Sie sich in die Thematik ein. Dazu gehört das Kennenlernen der Terminologie (und zwar vor dem Lesen der entscheidenden Lernliteratur), Sekundärliteratur (Werke, die Hauptwerke zum Inhalt haben, interpretierend oder auswertend).

▶ Zugang zu Sach- und Fachliteratur ist am besten über einen Überblick über das gesamte Thema möglich, wozu eine Reihe von Spezialwerken, angefangen von lexikalischen Enzyklopädien bis hin zu Auswertungen, Interpretationen und Informationsdiensten, dienen.

Auch Suchmaschinen, fachbezogene Portale, spezielle Newsletter im Internet liefern hilfreiche Einstiege in verschiedene Themen.

| Lern-organisation | Einlesen | Lesestrategie | Lesearten und -techniken |
|---|---|---|---|
| ● Langfristige Zeitplanung | ● Lexikalische Werke | ● Anwenden der F:A:S:T-Strategie | ● Je nach Lesezweck: |
| ● Mittel- und kurzfristige Lernzeit-planung | ● Eigene Definitionen suchen ● Umfeldwissen eruieren | ● Übersicht über Werk, Autor, Inhalt, Aufbau, innere Struktur | ● Orientierendes bzw. überfliegendes Lesen und dazu passende Lesetechniken |
| ● Zielsetzung ● Klarheit über Ergebnisse/ Prüfungen | ● Experten fragen ● Literaturhinweise Sekundärliteratur | ● Entscheidung über zu lesende Abschnitte | ● Einprägendes Lesen |
| ● Aufzeichnungssystem | ● Leichte Literatur zuerst | ● Entscheidung über Lesezeitpunkt | ● Übersetzendes Lesen |
| ● Leseplan | ● Fachzeitschriften | ● Entwickeln eines eigenen Grundschemas/ Superstruktur | ● Kritisches Lesen |
| ● Prüfungsvorbereitung | ● Informationen über Autoren, Experten, Fachkreise | | ● Kreatives Lesen ● Erfassen des Textes |
| ● Vernetztes Lernen | ● Identifikation von Fachtermini | ● Personalisieren des Themas | |
| ● Lernraum | | ● Erwartungen an Lesetext klären | |
| | | ● Verstehen der Textstruktur | |

**Abb. 7:** Organisatorische Struktur für das lesende Lernen

## 4.2 Texterschließung

Das Verständnis der Texterfassung wird wesentlich unterstützt durch eine organisierte Form der Texterschließung. Dies können Sie mit der sokratischen Fragen„technik" bewerkstelligen oder analytisch.

*sokratische Fragetechnik*

Fragen als sokratisches Arbeitsmittel machen uns zum kreativen und aktiven Leser. Im sokratischen Vorgehen ergeben sich mit den sechs Ws die einfachsten Fragen:

**WER?   WAS?   WIE?   WARUM?   WANN?   WO?**

Mit **Startfragen, Begleitfragen und nachfolgenden Fragen**
wird das verstehende Lesen unterstützt:

▶ Was ist das Thema des Textes?
▶ Wie argumentiert der Verfasser?
▶ Welche Thesen werden gefestigt, welchen wird widersprochen?
▶ Was fällt mir als Leser zum Text ein?
▶ Wodurch unterscheidet sich der gelesene Text von meinem eigenen Vorwissen zum Thema?

Sie können den Text mit den entsprechenden Vorgaben
untersuchen (siehe Abbildung 8).

| Anfang untersuchen | Hauptteil | Schluss |
|---|---|---|
| Wie wird „eingestiegen"? Mit einer: | Wie wird im Hauptteil die Argumentation aufgebaut? | Wie wird der Schluss hergestellt? |
| • Feststellung<br>• Anekdote<br>• Frage<br>• Beschreibung oder<br>• historisch | • nach Gefühl, mit Steigerung<br>• vom Allgemeinen zum Besonderen subsumieren<br>• vom Besonderen zum Allgemeinen ordnen<br>• nach Zeit, chronologisch<br>• nach Ursache zu Wirkung<br>• Gleichheit vs. Unterschiede<br>• Wechsel durch Wandel aufzeigen<br>• Teile in Beziehung zum Ganzen<br>• systematische und methodische Prinzipien | • als Frage<br>• mit einem Kommentar<br>• mit Gefühl<br>• mit einem Ausblick<br>• mit einem persönlichen Statement |

**Abb. 8:** Lesendes Bearbeiten und Untersuchen von Texten

selbstständiges
Formulieren

Wollen Sie die gelesenen Inhalte verwerten, ist das selbstständige Formulieren von eigenen Ausarbeitungen sinnvoll,
z.B. kritisch oder als Begriffsuntersuchung oder als Zusammenfassung?

**Kreatives Lesen** ermöglicht das individuelle und originelle Textverstehen, damit Sie die Argumentationen des Autors nachvollziehen können und auch aktiv die eigene Kreativität einbringen.

▶ **Lesevorbereitung**
  Durch kreative Methoden der Problemlösung oder Ideenfindung können alle vorhandenen Assoziationen zum Text ans Licht gebracht werden. Visualisierungen sind ebenfalls sinnvoll.

*sinnvolle Assoziationen*

▶ **Lesebegleitung**
  Hier stehen das Auffinden und die Unterscheidung von Hauptideen und nachgeordneten Thesen oder Themen im Vordergrund. Weiter werden die Argumentationsfiguren und Signalwörter beachtet.

▶ **Lesenachbereitung**
  Die Formulierung und/oder Visualisierung der Hauptideen sowie die eigene Position des Lesers ist hier angebracht. Zur Visualisierung sind alle möglichen Arten der Darstellung möglich, über Grafiken, Schemata, Cluster, Mind Map, Themenbäume, Themenleitern, Diagramme usw.

*Textarbeit in Schneeballweise*

Es empfehlen sich weitere Kreativtechniken für die Nachbereitung, welche die Einordnung des erfassten Inhalts in andere Zusammenhänge ermöglicht. Über eine Textzusammenfassung in Schneeballweise kann diese nach und nach verdichtet werden. Ein Einfügen des Textes in einen Zusammenhang anderer Texte verhilft zu Superzeichen-Verankerung. Diese Methoden verhelfen zu einer vernetzten Verankerung im Gedächtnis.

▶ **Leseverwertung**:
  Hier können die oben erwähnten eigenen Produkte zur Weiterentwicklung der aufgenommenen Inhalte in einer individuellen Form verhelfen.

Mit einer so ausführlichen Informationsaufnahme und -verarbeitung gelingt es auch, sehr schwierige Inhalte, die im Gedächtnis verankert werden sollen, über eine verdichtende

*im Gedächtnis verankern*

Lesearbeit aufzunehmen, also lernendes Lesen durchzuführen.

Fassen wir diese Arbeitsschritte als **Metapher** auf: *Das Aufbauen eines Lesezeltes; dieses Zelt gibt Ihnen ein (inhaltliches) Dach für Ihre Lesearbeit*:

1. Sorgen Sie vor: Bereiten Sie den Aufbau vor, und tragen Sie alles zusammen, was Sie für einen ungehinderten Aufbau benötigen.

2. Bauen Sie auf: dazu gehören die Zeltstangen, die Befestigungen, der Aufbau selbst.

3. Ziehen Sie ein mit Ihrem Gepäck: Machen Sie es zu Ihrem (Gedanken-)Heim.

4. Verwenden Sie Ihre Erfahrungen und Erkenntnisse aus Zeltbau, Wohnen, und geben Sie diese weiter.

**artfremde Übertragungen**

Die so für einige vielleicht überraschend zu lesende Metapher – neben dem so ernsthaft zu betreibenden Lesen – hat den Hintergrund, dass wir durch „artfremde" Übertragungen nicht nur zu neuen Lösungen kommen, sondern auch zu Neu- oder Weiterentwicklungen. In jedem Fall zu einer individuellen Erfahrung, die uns die Verarbeitung leichter macht und das Behalten, weil hier neue Verknüpfungen von altem mit neuem Wissen geschehen (und an die wir uns auch besser erinnern, je bizarrer wir das tun).

Die Verwendung von Kreativtechniken in die Bearbeitung von Lesestoff stellt daher einen Weg dar, sich selbst ganzheitlich mit dem betreffenden Thema zu befassen, es interessant für sich zu gestalten und gute Lernergebnisse zu erzielen (siehe Abbildung 9).

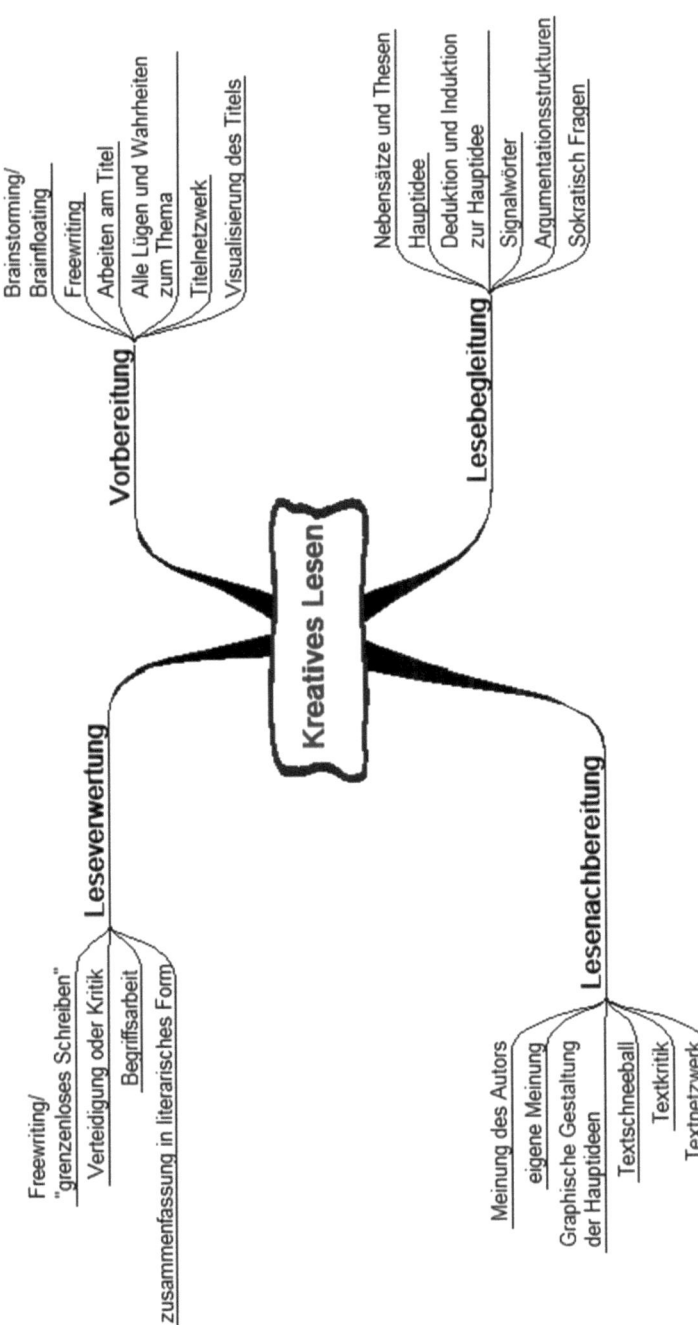

**Abb. 9:**    Die Verwendung von Kreativtechniken fördert gute Lernergebnisse

# 5   Anwenden der F:A:S:T-Strategie

**Lesen, Verstehen, Behalten**

Das Elementarste, was Teilnehmer in Kursen für effizientes Lesen stets zunächst ungläubig lernen, ist das Aufteilen von Lesen, Verstehen und Behalten.

Generell haben wir den Anspruch, mit einem Lesevorgang sehr komplexe Vorgänge zu leisten, nämlich den Inhalt zu erfassen, uns eine Meinung zu bilden und alles, was wir gelesen haben, in Erinnerung zu behalten.

**verschiedene Lesegänge**

Lesen erfolgt nun in mehreren Lesegängen, angelehnt an das Leseziel. Dies ist hilfreich für das Erreichen einer beschleunigten Lesefähigkeit, denn dadurch können wir uns auch entspannter mit den beschleunigenden Sehtechniken auseinander setzen. Sie können Ihren eigenen Lesestil positiv beeinflussen.

**Entscheidungen treffen**

Die zweite, oft elementar empfundene Erfahrung ist, dass sich weiteres Lesen in vielen Fällen dadurch erübrigt. Jeder Lesegang fordert am Ende eine Entscheidung, den Text weiterzulesen oder nicht. Das wiederum wirkt sich oft befreiend aus.

Überraschend für viele ist auch, daß durch zügiges Lesen die konzentrierte Aufnahme des Inhaltes begünstigt wird.

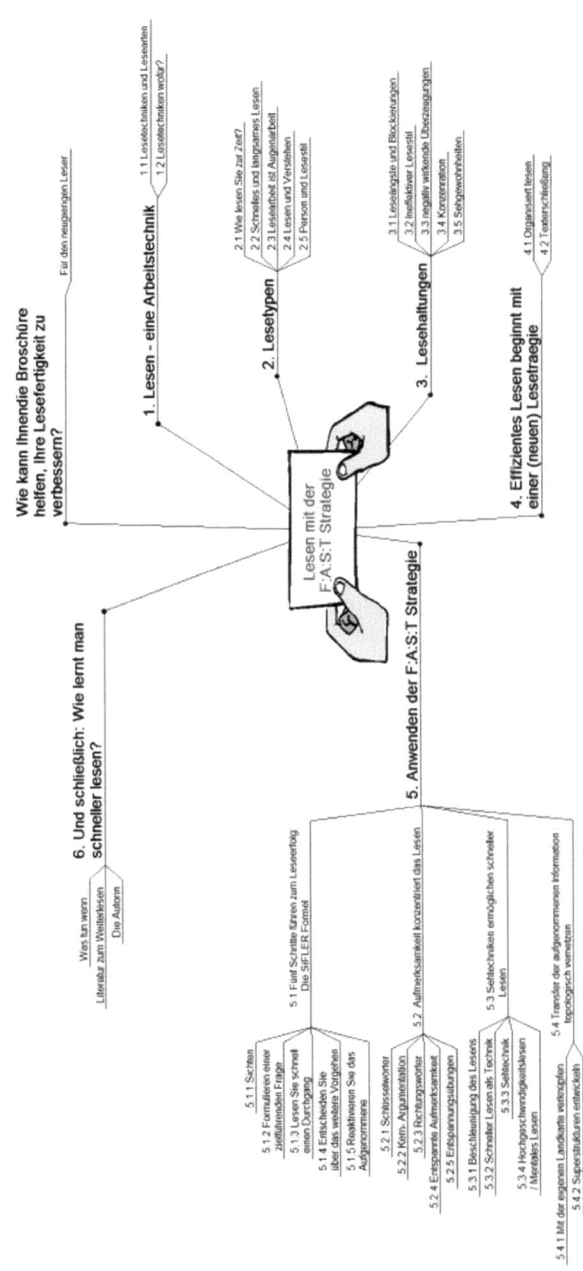

**Abb. 10:** Die F:A:S:T-Strategie hilft den Lernprozess nach einem Leseziel auszurichten

## 5.1 Fünf Schritte führen zum Leseerfolg: die SiFLER-Formel

---
**─ Tipp ─**
- In fünf Teilschritten können Sie künftig bereits einen Großteil der bisherigen Lesearbeit bewältigen.
- Mehrere Lesegänge sind wünschenswert und sinnvoll.
- Die Motivation zu lesen wächst mit dem Erreichen des Leseziels, und die Konzentration ist besser.
- Schnelleres Lesen erlaubt eine bessere Zeitökonomie, denn Wichtiges kann noch mal wiederholt werden.
---

**Erster Schritt: Sichten**

*eigene Ziele verfolgen*

Überfliegendes oder orientierendes Lesen bewirkt, dass Sie einen Eindruck davon bekommen, was Sie dem Material entnehmen oder im Zusammenhang damit unternehmen sollen. Wir nehmen Kontakt mit dem Textinhalt auf, spüren das Material, falls das wichtig ist, und prüfen vor allem, inwieweit sich eine Lektüre mit den eigenen Zielen decken würde. Dazu die folgenden Aspekte:

▶ **Herkunft**
  - Woher kommt das Material?
  - Wer ist der Autor?
  - Wie ist das Umfeld?

▶ **Aktivitäten**
  - Muss eigene Aktivität aus der Lektüre erfolgen?
  - Was haben Sie mit der Lektüre vor?
  - Ist die Lektüre wichtig für Sie?

▶ **Eigenes Ziel**
  - Weshalb lesen Sie?
  - Was soll die Lektüre beantworten?
  - Bei welchem Ziel soll Ihnen die Lektüre helfen?
  - Welche Frage haben Sie an den Inhalt?

Die Struktur des Textes ermitteln wir durch das Lesen von Inhaltsverzeichnis, Verzeichnissen im Buch, Grafiken, Bildern. Wir nehmen flüchtige Eindrücke vom Ganzen auf. Wenn es sich um eine Zeitschrift oder Fachzeitschrift handelt, so können wir zunächst die gesamte Zeitung/Zeitschrift durchsehen. Mit dieser Durchsicht haben wir einen ersten Eindruck der Inhalte erfasst.

*Struktur ermitteln*

Wir blättern ein Buch flüchtig durch und gehen in einzelne Abschnitte hinein, dort lesen wir Anfang und Ende eines Kapitels, Zusammenfassungen und Einführung. Die Artikel, die uns interessieren, schlagen wir wieder auf und lesen dort Anfang und Ende des Artikels sowie Zwischenüberschriften.

*flüchtig durchblättern*

▷ **Struktur**
- Was sagt Ihnen das Inhaltsverzeichnis?
- Was verraten die Verzeichnisse hinten im Buch?
- Um welche Art von Lektüre handelt es sich?
- Ist das Inhaltsverzeichnis eines Buches oder einer Zeitschrift dabei hilfreich, zu entscheiden, ob ein Abschnitt/ein Artikel näher erfasst werden müsste?
- Was können Sie den Zwischenüberschriften oder Untertiteln von Bildern entnehmen?
- Geben Einleitungen Anhaltspunkte?
- Gibt es schon Anhaltspunkte für Hauptideen?
- Fallen Ihnen bereits Schlüsselwörter ins Auge?
- Was kann man den Berechnungen, Auflistungen Erläuterungen entnehmen?
- Kann Ihnen das Werk Ihre Fragen beantworten?

Hier ist wohlgemerkt noch nicht wirklich gelesen worden, zumindest nicht im konventionellen Sinn. Dennoch haben Sie bereits eine ganze Menge an Informationen für sich erschlossen.

*Informationen erschließen*

Sie können vor allem jetzt bereits entscheiden, ob die Lektüre des Artikels, der Zeitschrift, des Buches Sie weiterbringen wird. Manchmal sind Sie vielleicht enttäuscht, dann gibt es in dem betreffenden Text für Ihr Ziel keine Antwort.

Nach diesem Sichten könnte sich ein erstes Schnelllesen anschließen. Dies dient dann dazu, zu entscheiden, ob eine weitere Lektüre gerechtfertigt ist und sich mit der Leseabsicht deckt.

**Zweiter Schritt: Formulieren Sie eine zielführende Frage**

*an das Leseziel herantasten*

Durch die Formulierung von Fragen können wir uns leicht an unser Leseziel herantasten. Die Fragen können sich beziehen auf den Leseprozess selbst, auf Fragen, die Ihnen beim Sichten eingefallen sind zur Struktur, zum Inhalt usw.

Leitend ist das besondere Interesse am Text. Beispiele: Welches sind die Schlüsselwörter? Wie lautet die Hauptidee? Welche Argumente werden gebracht? Was ist ...?

*bewusstes Innehalten*

Bewusstes Innehalten, um die Frage zu formulieren, richtet die Konzentration auf den Lesevorgang.

Manche Teilnehmer meiner Kurse möchten sich nicht entscheiden für nur eine Frage. Das stellt sich in aller Regel als Überforderung für sie selbst heraus. Ein Rückfall in die „Alles-auf-einmal-Lesetechnik" mit ineffizientem Leseausgang findet statt.

**Dritter Schritt: Lesen Sie schnell einen Durchgang**

*Lesehilfe*

Dafür ist die Lesehilfe eines Stiftes oder des Fingers, der das Auge zieht, hilfreich.

Nach der Zielorientierung für die Aufmerksamkeit können Sie nun den Text lesen. Hierfür ist ein Lesegang mit Schnelltechnik geeignet, aber auch anders möglich in der gewohnten Geschwindigkeit.

Entscheidend ist nur, dass Sie **erst jetzt lesen** und nur **dieses** tun.

**Vierter Schritt: Entscheiden Sie über das weitere Vorgehen**

Nach dem Lesegang entscheiden Sie, wie Sie nun mit dem Text weiter vorgehen möchten.

▶ **Klären Sie gegenüber dem Lesezweck:**
- – Ist die Frage beantwortet?
- – Sind weitere aufgeworfen?
- – Suchen Sie weitere Details?
- – Müssen Sie den Inhalt lernen?
- – Sind die Darstellungen aktuell genug für eigene Zwecke?
- – Sind wichtige Aspekte nicht vorhanden?

*klare Entscheidungen*

Wenn die zielführende Frage bereits beantwortet ist, können Sie den Text weglegen.

Wenn Sie weitergehende Absichten haben, werden Sie den Text nun in der Tiefe erfassen müssen. Deswegen folgen weitere Lesegänge, jedoch mit eigens formulierter Frage für jeden Lesegang.

*in die Tiefe gehen*

Wichtig ist wieder: genau das Lesen durchführen und nur das.

Auf diese Weise verdichtet sich die aufgenommene Information zielgerecht. Die Konzentration bleibt erhalten, und die Aufmerksamkeit ist gerichtet auf die gesuchte Information.

Wir entlasten uns damit, indem wir nicht mehr während des Lesens alles vermeintlich Wichtige „behalten" müssen. Nach jedem Lesegang entscheiden Sie neu, ob Sie eine weitere Vertiefung benötigen.

**Fünfter Schritt: Reaktivieren Sie das Aufgenommene**

Im Fluss des Geschehens überlagern sich die aufgenommenen Informationen, so dass ein sicheres Behalten nicht immer gewährleistet ist. Daher ist ein erneutes Aufgreifen des Erfassten wichtig, um die Vernetzung mit eigenem Wissen zu realisieren. Dies kann vielfältig geschehen, über Zeichnen, Schreiben, Reden, Visualisieren. Durch bildliche Vernetzung erzeugen wir eine Verknüpfung der aufgenommenen und direkt erinnerten Stichworte.

*Vernetzung mit eigenem Wissen*

**kurzes Innehalten**

Die einfachste Form der Reaktivierung stellt das Innehalten nach dem Lesen eines Artikels dar, bei dem Sie kurz für sich rekapitulieren, was Ihnen der Autor nun mitteilte, ob Sie zufrieden sind usw. Eine weitere einfache Form der Reaktivierung stellt auch ein kurzer Bericht über das Gelesene dar.

**Randnotizen**

Bei wichtigeren Informationen können Sie kleine Vermerke oder Randnotizen über den Inhalt (wie eine Dateiangabe etwa) machen (aber erst nach dem Lesen!). Diese kleinen Angaben stören beim späteren Aufgreifen (unter anderen Zielsetzungen) nicht, dennoch sind Sie schnell wieder orientiert über das (einst) Gelesene.

**Festigung des Aufgenommenen**

Wenn Sie bereits mehrere Lesegänge investiert haben, ist es nun Zeit, für die Festigung des Aufgenommenen zu sorgen. Hierzu empfehlen wir das Anfertigen einer „Lesemap", die übrigens in nachfolgenden Lesegängen verdichtet werden könnte. Auf diese Weise wird das Behalten der aufgenommenen Information gefördert.

**Abfolge einhalten**

Aus der Seminarpraxis wissen wir, dass die beschriebene Abfolge gerne von einigen Teilnehmern übergangen wird, um sich mehr mit den Schnelllesetechniken zu befassen. Deren erfolgreiche Nutzung basiert aber auf der vor dem Lesen vorhandenen Übersicht und Kenntnis von Schlüsselworten usw.

Bereits das Einhalten dieser Abfolge kürzt Ihre Zeit der Lesebearbeitung und macht diese effektiver, ohne dass besondere Lesetechniken ausgeführt werden müssen.

Die Trennung von Sichten, Lesen und Resümieren entlastet mental. Die Entscheidungen zwischen diesen Arbeitsschritten schafft ein rationelles Vorgehen.

**zielsichere Verwertung**

Stufenweise können Sie entscheiden, wie weit Sie sich auf den Lesestoff einlassen wollen. Durch Ihre eigene Zielsetzung bewirken Sie die zielsichere Verwertung des Inhalts. Erst zielorientiertes Lesen führt zu aufmerksamem und zügigem Lesen, da das Ziel wie eine Botschaft an unser Hirn funktioniert.

Zwei Beispiele *verdeutlichen* die Verwendung dieser Abfolge:

*Beispiel 1*: Als Personalleiter wollen Sie auf dem Laufenden sein in Bezug auf die Rechtsprechung usw. Sie nehmen die einschlägigen Fachzeitschriften zur Hand und blättern diese durch. Dabei sind einige Urteile und Kommentare dazu so interessant, dass Sie diese gleich lesen.

*doppelte Arbeit*

Als zwei Wochen später die Sprache auf einen bestimmten Fall kommt, wissen Sie noch, dass es eine Rechtsprechung dazu gab, vermutlich aber nicht mehr, in welchem Beitrag und mit welchen Details. Sie suchen also diesen speziellen Beitrag aus den Zeitschriften heraus. Dazu müssen Sie nahezu die gesamten Beiträge neu durchsehen.

*Variante*: Sie wenden die SiFLER-Formel an, sichten die Fachzeitschriften, merken sich die interessanten Beiträge. Anschließend sichten Sie diese, entscheiden neu, ob der eine oder andere noch in Frage kommt, und lesen schließlich einen Fachartikel ganz. Dazu vermerken Sie oben im freien Teil (beim Titel) zwei bis drei Stichwörter.

*wenige Stichwörter*

Als der spezielle Fall zur Sprache kommt, können Sie zielgenau noch einmal den Artikel sichten und die Information auf dessen Brauchbarkeit für die Anwendung auf den Fall prüfen.

*Beispiel 2*: Sie sind im Begriff, sich in einer nebenberuflich veranlassten Qualifizierungsmaßnahme auf eine Prüfung vorzubereiten. Sie suchen sich die empfohlene Literatur zusammen und fangen beim dicksten Buch an, weil das am meisten Zeit verbrauchen wird. Sie beginnen vorne und arbeiten sich fleißig durch den Text. Zwischendurch kommen Ihnen Zweifel, ob Sie das alles behalten können, deswegen fangen Sie an, während des Lesens mitzuschreiben.

*Fleiß allein reicht nicht*

Als Sie mit Lernkollegen über verschiedene Aspekte diskutieren wollen, fällt Ihnen auf, dass diese „ganz was anderes" gelernt zu haben scheinen. Sie beschließen, sich noch einmal der Sache zu widmen. Bei der Vorbereitung auf Einzelprüfungen merken Sie, dass Sie den Stoff in Detailfragen nicht sicher zuordnen können, und fangen noch einmal mit dem Durcharbeiten des Buches an.

*Variante*: Sie nehmen sich die Literatur und sichten diese auf Inhaltsverzeichnisse, Autorenverzeichnisse, lesen in lexikalischen Werken allgemein über das Fachgebiet und erhalten so eine Idee über den Standort der jeweiligen Literatur. Sie arbeiten jedes Buch nach der SiFLER-Formel mit verschiedenen Lesetechniken durch. Sie haben bis jetzt so viel Zeit benötigt wie vorher, allerdings verfügen Sie bereits über Aufzeichnungen über den Inhalt. Eine kurzfristig angesetzte Leistungsermittlung wirft Sie nicht aus dem Sattel, denn Sie können aus der Lesemap Ihr Wissen rekonstruieren. Vor der Prüfung nehmen Sie noch einmal die Lesemaps zu Hand. Neue Prüfungsliteratur können Sie nun locker mit hinzunehmen, und diese dient Ihnen zur Verdichtung des Wissens.

*▌hilfreiche SiFLER-Formel*

## 5.2 Aufmerksamkeit zentriert das Lesen

─────────────────────────────── **Tipp** ─
- Unsere Leseabsicht, der Lesezweck bestimmt unsere Zielsetzung und die Fragen, die wir an den Text stellen.
- Gerade beim Lesen von Büchern und Zeitschriften findet sich oft ein „absichtsloses" Vorgehen, das letztlich viel Zeit kostet.
- In dem System des stufenweisen Entscheidens zur Vertiefung von Lektüre ist es notwendig, aufmerksam die angezielte Absicht zu verfolgen.
- Erhöhte Aufnahme bewirkt besseres Behalten. Interesse an den Ausführungen fördert die Aufnahme.

Hier geht es um die Steuerung unserer Wahrnehmung. Unser Hirn ist nämlich sehr gehorsam, wenn wir ihm mentale Vorgaben geben. Der von Ihnen gegebene Suchauftrag an das Hirn wird von diesem erfüllt. Manchmal braucht es ein bisschen Training dazu.

*▌Steuerung der Wahrnehmung*

Überlegen Sie sich:

▶ Was genau will ich wissen zu dem Thema?
▶ Was soll mir der Autor beantworten?
▶ Welche Frage habe ich an den Autor?
▶ Welche Details sind für mich wichtig?
▶ Wie viel Aufwand will ich investieren?
▶ Welche Zeit will ich aufwenden?

Und schließlich:

▶ Welches sind die Kernideen?
▶ Wie heißen die Schlüsselwörter?
▶ Welche Argumentationen verwendet der Autor?

Es ist auch nützlich, sich dieses Ziel schriftlich festzuhalten, allerdings bringt es nichts, mehrere Fragen gleichzeitig beantworten zu wollen. Die Zielfragen dienen zur Programmierung unseres Gehirns, seine Aufmerksamkeit auf genau diesen Aspekt zu richten.

*das Gehirn programmieren*

Vielen fällt es schwer, ein persönliches und textspezifisches Ziel für die Lektüre zu formulieren. Es hilft zunächst, sich über die ersten spontanen Fragen dem Thema zu nähern.

## 5.2.1 Sinnsuchende Aufnahme

Der zweite wichtige Aspekt ist die **sinnsuchende Aufnahme** der Information. Hier geht es um das gezielte Suchen von deutungsrelevanten Wörtern. Das fördert, wieder unabhängig von der gewählten Lesetechnik, das verstehende Lesen.

Wir richten unsere Aufmerksamkeit auf drei Gruppen von Wörtern:

● **Schlüsselwörter**

Inhaltsverzeichnis, Zusammenfassung und Einleitung verraten viel über entscheidende Schlüsselwörter. Falls es sich um eine Lernlektüre handelt, so verschaffen Sie sich den fachlichen oder sprachlichen Überblick durch vorheriges Lesen leichterer Literatur.

*entscheidende Schlüsselwörter*

Kennen und Erkennen der richtigen Schlüsselwörter erleichtern den Lesefluss und erhöhen das Verständnis. Über
eine *Suchworttechnik* können Sie solche Schlüsselwörter
leicht finden:

- Blättern Sie den Text in gleichförmigem Rhythmus.
- Nehmen Sie den Zeigefinger als Suchhilfe, der nun senkrecht über die Seiten oder die Spalten herunterfährt oder
hin und her schwingt.
- Dabei erfassen Sie bereits eine Menge an Randinfor-
mationen um die Suchwörter herum.

● **Kernargumentation**

*die wesentliche
Idee erkennen*

Das Erkennen der wesentlichen Idee wird meistens im ersten bis zweiten Satz eines Abschnitts dargelegt. Die Aufmerksamkeit darauf zu richten macht das Lesen schneller,
weil nur die Kerngedanken aufgesucht werden. Im Allgemeinen wird pro Absatz eine Gedankeneinheit entwickelt.

*Ankündigungswörter:* so, auf diese Weise, deshalb, folg-
lich, demgemäß. Besonders wichtige Ideen werden häufig
so eingeleitet. Es lohnt sich, die Aufmerksamkeit auf die
vermutlich dann folgende Kernidee zu richten.

● **Richtungswörter**

*bestimmte
Wörter suchen*

Text ist im Grunde eine Abfolge von Argumentationen oder
eines Gedankenflusses. Das bedeutet, dass ein Gedanke
aufgebaut und verfolgt wird oder aber ein neuer dagegen-
gestellt oder gegenübergestellt wird. Dies können wir für
das Lesen mit gerichteter Aufmerksamkeit nutzen.

*Geradeauswörter*

Wir suchen daher beim Lesen die Wörter, die eine bestimmte
Richtung aussagen.
*Geradeauswörter:* weiter, und, des Weiteren, genauso mehr,
darüber hinaus, mehr als das, außerdem usw. Finden wir
diese, so können wir schnell weiterlesen.

*Richtungswörter*

*Andere Richtungswörter:* aber, jedoch, trotzdem, obwohl,
nicht, im Gegenteil, dennoch, vielmehr usw. Tauchen die-

se auf, schenken wir einen Augenblick dem neuen Gedanken unsere Aufmerksamkeit, bis wir diesen erfasst haben.

*Beendigung*: schließlich, abschließend, im Ergebnis usw. Diese zeigen die abschließende Darstellung des Gedankenganges auf.

Beendigung

Die Aufmerksamkeit auf diese Bedeutungswörter zu richten fordert unsere ganze mentale Kraft. Daher ist dafür ein eigener Lesegang zu nutzen. Vermischen Sie nicht das Sichten oder das vertiefende Lesen mit dem Finden dieser Wörter.

## 5.2.2 Entspannte Aufmerksamkeit

Für das hochkonzentrierte Schnelllesen, Überfliegen, Sichten ist nicht nur die gerichtete Aufmerksamkeit wichtig, sondern auch eine mentale Offenheit für das Erfassen. Dies erreichen wir über Schnellentspannungstechniken.

mentale Offenheit

- **Mentale Entspannung**

1. Schließen Sie die Augen, und blicken Sie mit geschlossenen Augen durch die Schädeldecke an die Zimmerdecke.
2. Rollen Sie mit geschlossenen Augen die Augäpfel.

- **Entspannen über Atemtechnik**

1. Setzen Sie sich, und schließen Sie Ihre Augen.
2. Richten Sie Ihre Aufmerksamkeit auf Ihrem Atem.
3. Lassen Sie ihn ruhig aus- und wieder einströmen.
4. Stellen Sie sich nun vor, dass Sie mit jedem Aus- und Einatmen ruhiger und gelassener werden.
5. Denken Sie an Ihr Lesevorhaben, und freuen Sie sich darauf.

- **Zähltechnik**

1. Setzen Sie sich hin, und schließen Sie die Augen.
2. Konzentrieren Sie sich auf Ihren Atem.

3. Mit jedem Ausatmen zählen Sie nun rückwärts. Beginnen Sie mit 10.
4. Zählen Sie im Geiste rückwärts, bis Sie bei 0 angekommen und völlig entspannt sind.

Durch diese Kurzentspannungen können sie neue Kräfte und Energien aufbauen sowie Müdigkeit überwinden.

### 5.2.3 Entspannungsübungen für leichteres und sicheres Erfassen (mit den Augen)

*Lesen als visuelle Aufgabe*

Lesen ist vor allem eine visuelle Aufgabe. Daher sollten die Augen imstande sein, nah und fern zu fokussieren ohne Verkrampfungen. Zudem werden Störungen der Lesefähigkeit über eine Imbalance der Augen ausgeglichen. Überkonzentration, Beeinträchtigungen der Sehfähigkeit des Auges, nachlassendes Verstehen, gar Schmerzen zeigen dies an. Die folgenden Techniken sind hilfreich für Ausgleich und Wiedergewinnung der Aufmerksamkeit und die Verständnisleistung.

▶ **Liegende Acht**
Strecken Sie Ihre Hand nach vorne aus (ca. 35 cm), halten Sie Ihren Daumen nach oben in Höhe der Nase. Fixieren Sie den Daumen und folgen Sie ihm mit den Augen, während Sie nun zunächst langsam eine liegende Acht in die Luft malen. Achten Sie darauf, dass Sie den Kopf nicht beim Schauen mitnehmen. Wechseln Sie die Größe (den Umfang) der liegenden Acht. Spüren Sie, wie sich Ihre Augenmuskeln dehnen.

▶ **Augenpunkte**
Reiben Sie mit leichtem Druck der Fingerspitzen von Zeige- und Mittelfinger zwei für das Sehzentrum im Hirn empfindliche Punkte. Diese befinden sich am Hinterkopf, in den kleinen Mulden unterhalb der Hinterhaupthöcker in Höhe der Ohrenoberkante. Währenddessen schauen Sie ganz bewusst nach oben, zur Seite rechts, nach unten, nach links. Fixieren Sie dann einen Gegenstand in der Ferne und einen in der Nähe.

▶ **Palmieren**
Reiben Sie Ihre Hände gegeneinander, bis Sie warm sind, formen Sie aus beiden Händen eine Schale und bedecken Sie Ihre geschlossenen Augen mit diesen Handschalen. Wenn möglich visualisieren Sie für sich ein schönes Bild. Summen Sie vielleicht dazu.

▶ **Mandarine**
Richten Sie Ihre Augen nach vorne in die Ferne. Stellen Sie sich vor, Sie balancierten auf dem Scheitelpunkt Ihres Kopfes eine Mandarine. Spüren Sie der Empfindung auf dem Kopf nach.

## 5.3 Sehtechniken für schnelles Lesen

— **Tipp** —

● Über „Sehtechniken" ist auf drei Arten eine höhere Geschwindigkeit für das Lesen möglich: beschleunigtes Lesen, Schnelllesen, Hochgeschwindigkeitslesen.

● Wir können Techniken des mechanischen Lesens nutzen. Hohe Geschwindigkeiten sind erreichbar mit mentalem, bildhaftem Sehen der ganzen Seite.

● Da wir alle sehr unterschiedliche Wahrnehmungspräferenzen haben, fällt uns auch der Zugang zu der einen oder anderen Methode leicht oder schwer.

Bedeutsam ist das fließende Lesen. Dafür helfen uns einige Tricks, um uns daran zu gewöhnen, auch andere Sehgewohnheiten anzunehmen. Notwendig ist, sich weg vom Lesen einzelner Wörter und hin zum Lesen ganzer Wortgruppen zu entwickeln. Es geht nun darum, Bedeutungseinheiten zu erfassen durch Addieren von Bedeutung und Sinn.

*fließendes Lesen*

Außerdem ist es das Ziel dabei, die Stopps zu verringern und die Erfassung von mehreren Wörtern zu erreichen. Daher muss das Lesen schneller und die Gewöhnung daran erzeugt werden. Etwa so, als wenn Sie statt mit 50 Stun-

*Stopps verringern*

denkilometern nun mit 80 und später 100 Auto fahren wollen.

Für ein zügiges und schnelles Lesen ist das Vermeiden der Subvokalisation erstrebenswert. Nur ohne dieses innere Mitsprechen sind schließlich Schnelllesetechniken möglich.

**mit einem Blick**

Eine hilfreiche Erfahrung ist der Vergleich mit anderen visuellen Eindrücken. Hier nehmen in aller Regel die meisten mit „einem Blick" eine große Anzahl von Einzelheiten auf, ohne die Angst, nicht alles mitzubekommen. Die Erinnerung an die Zuverlässigkeit eigener Wahrnehmung hilft, die Subvokalisation zum Zwecke richtigen Entzifferns zu reduzieren.

**inneres Mitsprechen**

Andererseits gibt es Situationen, in denen das innere Mitsprechen unumgänglich ist, damit der Sinn oder die Bedeutung von Wörtern oder ganzen Sätzen erschlossen werden kann. So z. B. wenn Sie in einer fremden Sprache lesen, die Ihnen nicht so vertraut ist wie Ihre Muttersprache. Aber auch in bestimmten Lernsituationen und wenn es sich um bestimmte Zeichen handelt. Schließlich gibt es, wie oben dargestellt, auch bestimmte Lerntypen, die dieses Subvokalisieren dringend benötigen, damit sie sich sicher fühlen.

*Unterscheiden Sie daher den Leseanlass, Lernen und/oder Lesen, um das Subvokalisieren zu unterlassen oder bewusst zu nutzen.*

### 5.3.1 Beschleunigung des Lesens

● **Einkürzen der Zeilen**

**Lesefläche reduzieren**

Vor jeder Leseaktion nehmen wir eine Reduzierung der Lesefläche vor. Wir ziehen mit einem dünnen Bleistift bei Buchseiten und breiten Zeitschriftenzeilen in ca. 1,5 cm Abstand vom Schriftrand links und rechts jeweils eine senkrechte Linie. Später können Sie auf diese Hilfe verzichten, wenn Sie sich daran gewöhnt haben, nur etwa zwei Drittel der Zeile überhaupt zu lesen.

● **Lesen mit Lesehilfe**

Hier nehmen wir einen spitzen Stift (Mikado-Stäbchen) oder den Finger zu Hilfe. Dieser sollte allerdings nicht auf dem Papier unterhalb der Zeile aufgelegt werden, sondern ein wenig darüber schweben. Die Funktion des Zeigers ist *nicht* das Anzeigen des jeweiligen Wortes, sondern das Ziehen des Auges.

*das Auge ziehen*

Mit diesem fahren wir unter der Lesezeile entlang. Bewegen Sie den Stift unterhalb der Zeilen, und ziehen Sie das Auge mit über die Zeile, aber bleiben Sie innerhalb des eingekürzten Bereiches. Beim Zurückgehen auf die nächste Zeile bewegen Sie den Stift mit einer weichen Bewegung schräg zurück zum nächsten Zeilenanfang. Bleiben Sie im eingekürzten Bereich.

Wenn Sie eine gewisse Routine mit dieser Art von Lesehilfe haben, nehmen Sie sich vor, nun etwas schneller über die Zeile zu gehen. Es wird Ihnen gelingen, schneller Wörter und Wortgruppen zu erfassen.

● **Mehrwortsehen bzw. -lesen**

Das Erfassen sollte nicht mehr an den einzelnen Wörtern orientiert sein, sondern an Wortgruppen von drei bis fünf Wörtern. Dazu kann das Ausdehnen der Augenspanne trainiert werden. Außerdem geht es um das Erfassen auf die Bedeutung der ganzen Aussage oder Sinneinheiten im Sinne eines ganzheitlichen Verstehens, das mindestens an Wortgruppen hängt.

*Wortgruppe erfassen*

Es sollen zunächst drei Wörter, später fünf Wörter mit einem Stopp erfasst werden. Die Übungen dazu beziehen sich entweder auf das Sehen von jeweils drei Wörtern in einer Zeile, unterstützt mit speziellen Augenübungen, bei denen zentrale Sternchen oder Balken fixiert werden. Intern soll ein 3er-Rhythmus entstehen durch Mitzählen. Damit wird die Prozedur als Sehgewohnheit unterstützt, die „Mechanik der Augen" verbessert.

*Mechanik der Augen*

Mit dieser Methode konnte ich bei einigen auditiv orientierten Teilnehmern, die ja in aller Regel stark subvokalisieren, eine schrittweise Loslösung davon erreichen.

● **Augenentspannung für beschleunigtes Lesen**

**Achterbahn fahren**

Richten Sie Ihre Augen nach vorne. Stellen Sie sich vor, Sie sehen vor sich eine Achterbahn von der Seite. Verfolgen Sie mit den Augen einen Waggon, wie dieser durch die Kurven langsam und schnell, rauf und runter, rechts und links fährt. Verfolgen Sie diese Fahrt ausführlich, und lassen Sie sich Zeit dabei.

**Vorstufen für Schnelllesetechniken**

Mit diesen einfachen Methoden, die im Übrigen eine Vorstufe zum Erlernen von Schnelllesetechniken darstellen, lässt sich bereits das Lesen erheblich beschleunigen. Mit entwickelter Routine ist diese Methode daher auch bei schwierigen Texten anwendbar.

### 5.3.2 Schnelllesen als Technik

**entspannte Aufnahmebereitschaft**

Mit Schnelllesetechniken lassen sich viele Seiten Text aufnehmen. Voraussetzung sind entspannte Aufnahmebereitschaft, Konzentration, eine entsprechende Einstimmung auf den Text und eine anschließende Reaktivierung der Inhalte, damit diese bewusst verankert werden.

**verschiedene Rezepte**

Es gibt eine Reihe verschiedener Rezepte, diese Techniken auf der Seite auszuführen. Im Wesentlichen geht es immer darum, dass der Zeiger über die Seite bewegt wird, damit das Auge folgen kann. Das Muster variiert zwischen Schwüngen, gezackten Hin- und Herbewegungen, diese beiden mehr oder weniger dicht, bis hin zu senkrechten Augenführungen, zwischen einer und drei Linien pro Seite.

**Neigung und Eignung**

Die Neigung und Eignung, sich mit den verschiedenen Rezepten auseinander zu setzen, ist individuell unterschiedlich. Sie hängt ab von den Wahrnehmungspräferenzen und der Fähigkeit, selektiv über die Seiten zu gehen, nur einige der Wörter wirklich zu erkennen, um anschließend den Sinnzusammenhang des gesamten Textes zu verstehen. Dies braucht einerseits Mut und die Fähigkeit, Unsicherheiten streckenweise auszuhalten. Eine gute Unterstützung bietet das Vorgehen mit der SiFLER-Formel. Hier werden drei Methoden vorgestellt, weil sie im Prinzip den meisten weiteren Systemen ähneln.

● **Slalomtechnik**

Wir ziehen gedanklich oder mit dem Stift eine Slalomlinie über den Text, wobei wir jeweils drei bis vier Zeilen vorangehen. Wir sehen die Wörter entlang der Linie und nehmen sie auf. Es wird nicht mehr Zeile für Zeile gelesen, sondern eine Art Slalombewegung ausgeführt. Dabei wird jetzt nicht mehr Wort für Wort aufgenommen, sondern es soll so weit trainiert werden, dass Wortgruppen entlang der Linie erfasst werden. Diese Slalombewegung lässt sich auch in Takteinheiten ausführen:

*Slalomlinien ziehen*

– Einer-Takt = quer zur ganzen Zeile (eingekürzt), begonnen wird am linken Rand
– Zweier-Takt = mindestens drei bis fünf Zeilen werden bis zum nächsten Bogen schräg überfahren, und jeweils bei zwei wird der linke Rand wieder erreicht
– Dreier-Takt = es werden zwei kleine Schwünge eingebaut, bis wieder der linke Rand erreicht wird

Mit einem Sechser-Takt wird links begonnen vor der Zeile und jede Zeile bis zum Ende gelesen und der Schwung hinter der Zeile zurückgeführt, dabei bis sechs gezählt und wieder links begonnen.

Hierbei gibt die Hand, die mit dem Finger oder mit der Bleistiftspitze führt, den Schwung an. Bedeutsam ist die Geschwindigkeit des Bewegungsablaufs, das rhythmische Hinuntergleiten der Hand, eine gute Hand-Augen-Koordination, das Umblättern mit der linken Hand. Diese Technik ist ebenfalls für die rhythmisch Ansprechbaren gut geeignet sowie für bewegungsorientierte Leser. Sie können damit im Stillen die Bewegungen nachvollziehen, und das macht es leichter, sich aus den bisherigen Lese- und Verständnismustern zu lösen.

*Schwung bestimmen*

● **Inseltechnik**

Inseln
definieren

Bei dieser Technik legen Sie Inseln über den Text (z.B. in die Mitte bei Einspaltentexten oder zwei nebeneinander) und nehmen nur noch das auf, was als Text innerhalb dieser Inseln vorhanden ist. Zeichnen Sie sich zu Beginn mit einem dünnen Bleistift Inseln über den Text. Sie können diese ovalen Figuren auch versetzt zeichnen. Später können Sie dies weglassen. Ich nenne dies auch die Eiertechnik, weil die Inseln als flach liegende Ovale gemeint sind.

fünf bis acht
Zeilen

Durch die Insel wird ein mehrzeiliger Bereich erfasst, bis zu fünf Zeilen sind sinnvoll, ich habe aber auch schon Leser kennen gelernt, die bis zu acht Zeilen schafften.

Sie können nun auf mehrere Arten mit dem Text im Inneren der Insel umgehen:

– Wort für Wort (das erscheint vielen sicherer),
– als Mehrwortsehen,
– als dreidimensionales Bild.

Für einige der Leser ergibt sich ein Herausheben dieser Figuren aus dem Text, eventuell als dreidimensionale an den Rändern verschwimmende Inseln. Hier ist eine Nähe zum Bildsehen der Buchseite erkennbar, auch Flächenlesen genannt. Häufig ergibt sich eine unterschiedliche Vorliebe, je nach Wahrnehmung und Handlungstyp.

Die Reaktivierung danach ist wichtig und ebenfalls ein Einbetten des Leseprozesses in das Vorgehen mit der SiFLER-Formel.

● **Senkrechttechnik**

zwei Zentimeter
vom Rand

Entweder mit einer Senkrechten oder mit zwei Linien in einer Entfernung von zwei bis drei Zentimetern vom linken bzw. rechten Rand.

– Eine Senkrechte
Sie gehen zeilenweise vor, fixieren in der Zeile die Mitte und nehmen die Wortgruppe darum auf (ca. drei Wör-

ter). Dann gehen Sie senkrecht in die nächste Zeile und so fort. Sie nehmen den Finger oder die Bleistiftspitze zu Hilfe. Sie können auch eine dünne Linie hinunterziehen.

– Zwei Senkrechte
Wenn Sie zwei Linien ziehen, so stellen Sie Ihr Auge auf die Mitte dazwischen ein, ohne jedoch einzelne Wörter zu fokussieren.

Die senkrechte Leseweise ist bei schmalen Spaltentexten sehr nützlich. Die Slalomtechnik empfehle ich auch für Spaltentexte und für ein erstes Orientieren bis zur Entscheidung, ob der Text noch einmal gelesen werden muss. Dann empfiehlt sich entweder die Inseltechnik oder aber das zeilenweise (eingekürzt) oder das rhythmische zeilenweise Lesen mit der Wortspanne von drei Wörtern. Dies ist abhängig von dem Zweck des Lesens und der notwendigen Verarbeitungstiefe.

*abhängig von Verarbeitungstiefe*

### 5.3.3 Sehtechnik

Manche Leser haben zunächst mit großer Desorientierung zu kämpfen. Für das Erlernen der Sehtechnik und das Mehrwortsehen empfehlen sich Übungen, die dem Hirn beweisen, dass es geht. Es ist notwendig, ein anderes, nicht gegenständliches Sehen zu trainieren.

*Desorientierung bekämpfen*

● **Peripheres Sehen**

Wir sind in der Lage, sonst könnten wir gar nicht Auto fahren, an unserem Blickrand Dinge und Informationen wahrzunehmen. Im Leben – außer dem Lesen – ist dieser Blickrand sehr weit. Wie weit, ist individuell verschieden und auch abhängig von der Sehschärfe bzw. von manchen Sehkorrekturen. Wir sind also in der Lage, vieles auf einmal zu sehen, sogar Details.

*Blickrand nutzen*

Auf die folgenden Weisen haben Sie eine gute Möglichkeit, selbst die Spannweite Ihrer peripheren Sehfähigkeit festzustellen.

**– Armschwenken**

*Bewegung wahrnehmen*

Blicken Sie nach vorne. Sehen Sie in die Ferne. Strecken Sie einen Arm waagerecht nach vorne aus. Sie erfassen nun diesen Finger mit dem Auge, sehen ihn aber nicht genau an. Schwenken Sie Ihren Arm um 45 Grad seitlich nach außen. Heben Sie nun in dieser Position zuerst einen Finger, dann zwei, dann drei etc. Nehmen Sie wahr, wie Sie die Bewegung der Finger und die Finger überhaupt erkennen oder sehen. Dehnen Sie die Bewegung Ihres Armes weiter nach hinten aus. Wann ist das genaue Sehen nicht mehr möglich?

**– Fingerzusammenbringen**

*Sehfeld ermitteln*

Schauen Sie geradeaus auf einen Gegenstand, der mittelweit entfernt ist. Bleiben Sie dabei. Strecken Sie die Arme zu den Seiten aus, Zeigefinger waagerecht, Daumen nach oben. Bewegen Sie die Arme langsam nach vorne und innen, bis Sie Ihre Zeigefinger sehen können. Nehmen Sie wahr, ab wann Sie den Daumen rechts und/oder links sehen können, ohne den Kopf zu bewegen. Die Augen bleiben geradeaus gerichtet. Beachten und notieren Sie sich den Winkel Ihres Sehfeldes.

**– Sehfelderweitern**

*Faden spannen*

Schließen Sie die Augen. Legen Sie die linke Hand mit der Handfläche auf den oberen Teil des Hinterkopfes. Spüren Sie dem Druck nach, den Ihre Hand auslöst. Spannen Sie gedanklich einen dünnen Faden von weit links bis weit rechts. Lächeln Sie. Spüren Sie dieser Bewegung nach. Spüren Sie nach, wie sich das Sehfeld für Sie erweitert. Behalten Sie Ihr Lächeln bei, wenn Sie die Hand wieder herunternehmen. Öffnen Sie die Augen, und freuen Sie sich über die Erweiterung Ihres Sehfeldes.

● **Stereoskopisches Sehen**

Vielfach findet sich in der Leseliteratur für das Erlernen des Hochgeschwindkeitslesen der Hinweis auf eine Fähigkeit, dreidimensional zu sehen. Wir finden dazu Begriffe wie den „weichen Blick" oder das „geistige Auge", was vor allem den entspannten Zustand meint, weiter kennen wir dieses Sehen auch als defokussierten Blick oder auch als Zyklopenblick (T. Buzan).

*dreidimensional sehen*

Dies stereoskopische Sehen ist eine Fähigkeit des Auges, sich umzustellen von dem Nah-Fokus auf den Fern-Fokus, wobei der nahe Gegenstand und die entfernten gleichzeitig im Bild sind. Wir sehen dabei mit zwei Augen, jedes aus seinem Blickwinkel, durch das binokulare Sehen erleben wir die Welt dreidimensional. Dieses 3D-Sehen kann genutzt werden.

*gleichzeitig nah und fern*

– **Finger-Tor**

Halten Sie eine Hand vor das Gesicht, und strecken Sie den Zeigefinger hoch, während die anderen Finger der Hand eine lockere Faust bilden. Betrachten Sie den Zeigefinger von oben nach unten und umgekehrt, und blicken Sie dann über den Zeigefinger hinaus auf ein etwa ein Meter oder mehr entferntes Objekt. Nehmen Sie wahr, was dabei entsteht. Es bildet sich der Eindruck, als ob zwei Finger ein Tor bilden, durch das Sie sehen. Die optische Illusion ist ein dreidimensionaler Seheindruck. Betrachten Sie jetzt die Dinge um sich herum. Wenn Sie dabei feststellen, dass Sie nur einen Finger des Tores sehen, so richten Sie den Finger noch einmal aus, dass er als Verlängerung der Nasenspitze vor Ihnen ist. Wenn Sie den Eindruck haben, dass ein Finger stärker ist, übernimmt das Auge, das schräg zum stärker erscheinenden Finger steht, den größten Teil des Sehens. Variieren Sie diesen Blick, indem Sie Zeigefinger und Kopf von einer Seite zur anderen bewegen. Atmen Sie dabei ruhig, und blinzeln Sie öfter.

*Blick variieren*

– **Finger-Fusion**

Halten Sie einen Zeigefinger in etwa 30 cm vom Gesicht entfernt davor, den anderen dahinter in 60 cm Entfernung. Schauen Sie zuerst auf den näheren Finger. Sie müssten jetzt zwei Finger hinter dem ersten sehen,

*Phantomfinger*

beidseitig. Schauen Sie auf den weiter entfernten Finger, nun sind scheinbar zwei aus dem ersten Finger geworden. Stellen Sie fest, wie sich das für Ihre Augen anfühlt. Schauen Sie an beiden Fingern in die Ferne, beide verdoppeln sich nun scheinbar. Stellen Sie nun Ihr Auge wieder auf den ersten Finger ein, und verändern Sie den Blick nicht, wenn Sie den Finger nun aus dem Blickfeld nehmen. Die Phantomfinger sollten im Hintergrund bleiben.

– **Dritter Daumen**

*Neues erleben*

Strecken Sie Ihre Arme seitlich aus, halten Sie die Hand senkrecht dabei, und bilden Sie mit den Zeigefingern und Daumen einen rechten Winkel. Schauen Sie dabei zunächst nach vorne in die Ferne. Sehen Sie sich nun, ohne die Augen zu bewegen, Daumen und Zeigefinder an. Führen Sie nun, ohne die Augen zu bewegen, die beiden Hände mit den Daumen zueinander. Erleben Sie, wie sich zwischen die beiden Daumen ein dritter Finger schiebt.

### 5.3.4 Hochgeschwindigkeitslesen – Mentales Lesen

*Hirnhemisphäre ausschalten*

Aus der Vorstellung der Hochgeschwindigkeitslesetechniken wird es mit Hilfe des **defokussierten Blicks** möglich, die Hirnhemisphäre (links), die digital unterscheidet, auszuschalten und das rechte Hirn anzuregen, die Inhalte aufzunehmen und somit ins unbewusste Wissen zu integrieren.

Durch die besondere Eigenart des peripheren Sehens, mit dem defokussierten Blick (Photofokus), wird es dem Hirn ermöglicht, Informationen ganzheitlich aufzunehmen. Es werden dabei auch die Intuition, die Kreativität und die Wahrnehmung verbessert.

*visuelle Reize aufnehmen*

Damit ist aber auch eine andere Art der Informationsaufnahme gemeint. Während die bisherigen Lesetechniken eher das bewusste Aufnehmen anzielten, geschieht nun das nicht bewusste Aufnehmen und Speichern, das allerdings ohne das Türschloss des bewussten Sprachcodes funktioniert. Unser rechter Hirnteil, der weitgehend ohne Sprache auskommt, nimmt vor allem visuelle Reize auf.

Daher soll durch den Photofokus der vorbewusste Prozessor im Hirn angeregt werden. Dieser kann innerhalb von Millisekunden Information aufnehmen (bis 24000 Bits/Einheiten), unterscheiden und antworten. Wir besitzen einen unbewussten Gedächtnisspeicher, der dem bewussten Speicher weit überlegen ist, etwa 90 Prozent unseres Verstandes ist im Vorbewussten und Nichtbewussten verborgen, heißt es.

*Photofokus nutzen*

Durch dieses Hochgeschwindigkeitslesen wird das Unbewusste genutzt, um den Inhalt ins Langzeitgedächtnis zu transportieren. Das Wiederaufrufen von Informationen befördert aus dem nicht bewussten heraus den Inhalt in das bewusste aktuelle Gedächtnis.

*Transport ins nicht bewusste Gedächtnis*

Gerade beim Hochgeschwindigkeitslesen geht es nicht mehr um das bewusste Entziffern von Wörtern in linearer Form, sondern um das Erfassen von Bedeutungen seitenweise. Es geht darum, Konzepte zu erfassen, Texte als ganze Muster aufzunehmen.

Beginnend mit dem **Hyperscanning** wird dieses Erfassen trainiert. Der Blick ist verschwommen, das Lesen geschieht nicht als Entzifferungsvorgang, sondern nebenbei. Dieser verschwommene Blick kann bereits auftreten, wenn die Buchstaben mit prismatischem Rand erscheinen oder sich die Buchstaben gewissermaßen aus der Seite heben.

*verschwommener Blick*

Da in der Regel zunächst kein bewusstes Wissen über den Lesestoff vorhanden ist, kommt der Vorbereitung und einem organisierten Umgehen damit hohe Bedeutung zu, wenn es für fachliche und berufliche Zwecke genutzt werden soll. Für diese Methode ist eine Lesestrategie unabdingbar. Erst nach der Aktivierung wird der Inhalt bewusst, und der Text erscheint vertraut.

*Lesestrategie unabdingbar*

Mit der Zeit entwickelt der routinierte Hyperscanner die Fähigkeit, bewusst seine Wahrnehmung zielorientiert zu öffnen, und kann die Fähigkeit auch in anderen als Situationen nutzen.

Notwendig ist dafür eine bewusste Steuerung mit den Schritten:

- Einnehmen des geistigen Auges,
- mentale Vorbereitung durch Klärung des Ziels (was, wie lange, womit, wie),
- Einstimmen durch Freude auf den Erfolg,
- Durchführen.

● **Zugangsweisen zum defokussierten Blick**

*verschwom-
menen Blick
halten*

Es kommt darauf an, den defokussierten Blick zu halten. Dafür können Sie, nachdem Sie die oben beschriebenen Sehfeldtechniken trainiert haben, diesen Blick auf andere Informationen anwenden. Damit können Sie auf vielfältige Weise einen Erfolg mit dieser Sehtechnik erst einmal üben, bevor Sie an das Lesen damit herangehen. Ziel ist, über eine routinierte Sehhaltung beim Blättern des jeweiligen Buches den verschwommenen Blick zu halten. Sie können nutzen:

- **Mandalabilder**
  Stellen Sie vor sich ein Mandala, schwarz-weiß oder bunt, und sehen Sie mit dem defokussierten Blick in die Mitte des Mandalas. Sie werden erleben, wie sich die darin dargestellten Elemente verändern, bewegen usw.

- **3D-Bilder**
  Mit den magischen Bildern können Sie weiter trainieren, um den tiefen bzw. den stereoskopischen Blick weiter zu halten. Hierbei ist es notwendig, mit dem so eingestellten Blick das Bild hinter dem Bild zu erkennen. Dabei vermittelt sich ein freudiges Gefühl. Oft auch ein Kältegefühl, wenn das Bild erscheint, als ob es aus Eiskristall wäre.

- **Sehübungen für das stereoskopische Sehen**
  Dritter Daumen, Finger-Fokus, Finger-Tor.

– **Daumentrick**
Buch aufschlagen, mit einer Hand in ca. 30 cm Entfer-
nung halten. Sie sehen beide Seiten. Den Daumen der
anderen Hand halten Sie aufrecht zwischen Buch und
Augen. Blick auf den Daumennagel richten. Wechseln
Sie zum Fernblick, so dass Sie den Daumen nun dop-
pelt sehen. Ziehen Sie den Daumen weg, und halten
Sie dabei den Blick. Erfassen Sie dabei auch die vier
Buchecken. Achten Sie nun auf die weiße Fläche in der
Mitte der beiden Seiten. Sehen Sie eine dritte Seite oder
einen dritten Falz?

● **Affirmation**

Der Selbstaffirmation kommt beim mentalen Lesen besondere Bedeutung zu, da negative Erwartungen an das Lesen
stören.

*negative
Erwartungen
stören*

Daher ist die bewusste Einstimmung wichtig, ein Innehalten vor dem Loslegen, in dem die persönliche Erwartung
an das Aufnehmen positiv formuliert wird. Affirmationen
haben eine leitende Wirkung auf unser Nichtbewusstes.

Dies können sein:

– Ich werde in fünf Minuten dieses Buch mit Erfolg erfasst haben.
– Ich werde zu dem Thema die drei wesentlichen Aspekte finden.
– Ich werde die dritte Seite beim Blättern dieses Buches
erhalten.
– Ich werde mit Erfolg über die wesentlichen Inhalte dieses Textes referieren können.

Die Affirmation beinhaltet die Zielsetzung für das Erfassen des Inhalts. Mit dieser wird der Erfassungsvorgang
begleitet. Das Gehirn hat die Aufforderung, selektiv die
gewollten Informationen zu sehen.

*Erfassungs-
vorgang
begleiten*

● **Mentale Leseerfassung erfolgt so:**

- Führen Sie die Schritte zur Einstimmung in das Hyperscanning durch.
- Klärung des Ziels und der Leseabsichten.
- Einstimmung und Selbstaffirmation.
- Sehen Sie nun mit dem defokussierten Blick in die Mitte des Buches/Bindungsfalz.
- Richten Sie die Aufmerksamkeit auf die weißen Flächen des Buches, alle Flächen rund um die Buchstaben – dadurch verschwimmen die Buchstaben.
- Erweitern Sie Ihr Sehfeld auf alle vier Ecken des Buches.
- Beginnen Sie in einem gleichförmigen Rhythmus zu blättern.
- Halten Sie die Wahrnehmung auf den vier Ecken und den weißen Flächen.
- Wenn Sie am Ende des Buches angekommen sind, können Sie das Buch umdrehen und noch einmal blättern.
- Nach dem Ende des Blätterns erfolgt noch eine Schlussaffirmation.
- Lassen Sie den Inhalt etwas ruhen, und aktivieren Sie den Inhalt nach 24 Stunden.
- Nutzen Sie die Technik von Lesemaps zur Reaktivierung.

*ein Gebilde zwischen den Seiten*

In manchen Fällen entsteht eine „dritte" Seite in der Mitte des Buches, manchmal in einer anderen Farbe. Sehen Sie den Text nicht an beim Blättern, sondern richten Sie den defokussierten Blick Ihrer Augen auf die Seitenränder und die Ecken, am besten nur auf die weißen Teile konzentrieren. Sie sollten keine Buchstaben oder Wörter erkennen können. Mit einem gleichförmigen Rhythmus des Blätterns erhalten Sie eine Hyperkonzentration, mit der Sie irgendwann ein Gebilde zwischen den Seiten erblicken. Zwischen den Seiten oder quer über die Seiten – ganz individuell.

● **Blättern**

Es soll unerheblich sein, ob das Buch vorwärts in Leserichtung oder umgekehrt durchgeblättert wird. Diesen Vorgang am Anfang öfter wiederholen. Um den Inhalt vollständig zu erfassen, sollte das Buch mehrmals durchgegangen werden.

*vorwärts oder rückwärts*

Es sind grundsätzlich zwei verschiedene Arten des Blätterns möglich:

– **Blättern mit Wischen**
  Halten Sie mit der linken Hand das Buch. Mit der rechten Hand gehen Sie an den oberen rechten Rand des Buches und wenden von dort aus die Seite um. Dabei machen Sie eine streifende Bewegung über die dann umgeschlagene Seite senkrecht und ziehen dann mit der Hand von der linken Seite unten am Buch schräg über die rechte Buchseite, bis Sie wieder mit der Hand am oberen rechten Rand angekommen sind. Dann blättern Sie weiter.
  Die Geschwindigkeit des Blätterns bestimmt die Chance, die dritte Seite zu sehen.

– **Blättern mit U**
  Halten Sie mit der linken Hand das Buch oben in der Mitte oder am linken Rand aufgeschlagen, und nehmen Sie die rechte Hand, um zuerst über die linke nach unten, unten im leichten Bogen nach rechts, dann über die rechte Seite senkrecht nach oben zu streichen.

Mit Hilfe einer abschließenden Affirmation und noch im mentalen Zustand der Aufnahme beenden Sie den Vorgang des Blätterns.

Diese Methodik des mentalen Lesens eignet sich nicht, um den Inhalt zu durchdenken, sondern dafür, das darin Enthaltene zu erfassen. Es ist für viele überraschend, aber das anschließende Aktivieren bringt tatsächlich ein Wissen um den Inhalt an den Tag. Daran anschließend kann es um ein spezielles Durchdenken des Inhaltes gehen.

*kein spezielles Durchdenken*

Diese Technik erfordert diszipliniertes Üben. Allerdings ist es für weniger Geübte sicher notwendig, sehr oft die Texte zu blättern, was häufig von Teilnehmern als Zeitaufwand angesehen wird. Der Nutzen liegt sicher in der

*diszipliniertes Üben*

umfassenden, nicht bewussten Aufnahme des Textes, dessen Inhalt dann als Hintergrundwissen zur Verfügung steht. Einige Leser haben es allerdings schwerer, den defokussierten Blick zu erlernen oder gar eine dritte Seite zu sehen.

## 5.4 Transfer der aufgenommenen Information: topologisch vernetzen

─────────────────────────────────── **Tipp** ──

- Vernetzen in der Breite und in die Tiefe sichert langfristigen Erfolg für Nutzung und Wiederabrufbarkeit von Informationen und Wissen.
- Einfache Lesemaps erleichtern das Wiederfinden von Information.
- Die Verknüpfung über Superstrukturen gewährleistet auch das Behalten.

**Gedächtnisstruktur**

Bei der Zielsetzung des effizienten Lesens geht es nicht nur darum, dies möglichst schnell und organisiert zu tun, sondern auch gleichzeitig in der beabsichtigten Weise für die Verwertung zu sorgen und ebenso die Verankerung in der eigenen Gedächtnisstruktur zu unternehmen.

### 5.4.1 Mit der eigenen Landkarte verknüpfen

**Transport ins Langzeitgedächtnis**

Alles Gelesene verschwindet wieder aus dem Arbeitsgedächtnis, sobald neue Reize aufgenommen werden müssen. Unerlässlich ist daher für das Behalten der aufgenommenen Information die Verknüpfung und Verarbeitung des Aufgenommenen. Damit wird das Neuaufgenommene mit vorhandenen Gedächtnisstrukturen verbunden. Der Transport ins Langzeitgedächtnis geschieht in der Form, dass die Wiederabrufbarkeit des Wissens hergestellt wird.

**Wissenslandkarte**

Das, was wir als Informationen aufgenommen haben, können wir stets besser behalten, wenn wir es in eine Landkarte *unseres* Wissens einbetten. Die Landkarte ist stets sehr subjektiv ausgestaltet. Daher geht es um die Einord-

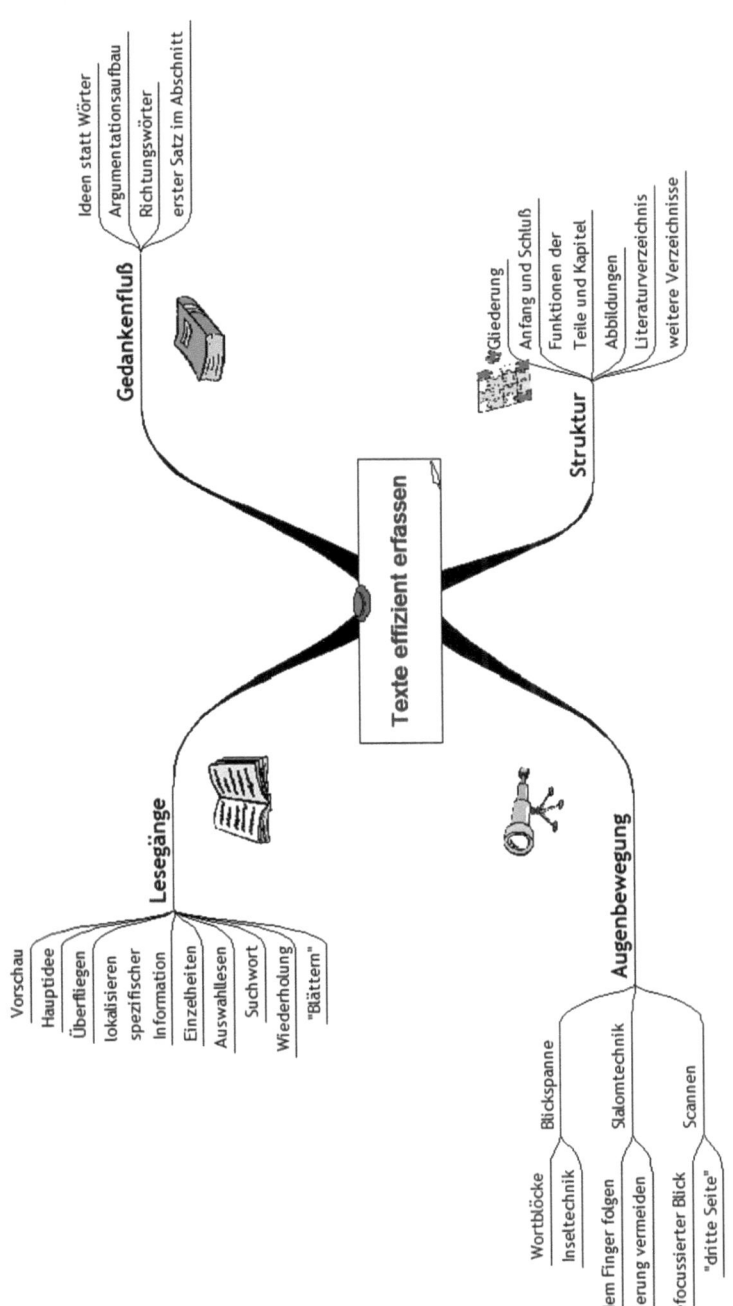

**Abb. 11:** Zur effizienten Texterfassung gibt es eine Vielzahl von Methoden

nung und Zuordnung des Aufgenommenen und unseren Standort dazu:

- die Einbettung in unseren Alltag,
- die Einbettung in unser Leben,
- die Einbettung in unsere Ziele.

**einfache Mittel**

Bleiben wir bei der Metapher der Wissenslandkarte: Es geht um die Einschätzung von Distanzen, Größenordnungen, Profilen. Das verhilft uns zu Einschätzungen der gelesenen Information, die möglichst wenig getrübt sind von emotionaler Ladung oder gar blinden Flecken. Mit einfachen Mitteln können wir eine in die Breite wirkende Verknüpfung der Information herstellen. Je nach Anlass und Lesezweck bietet sich ein anderer Zugang für die Verknüpfung:

● **Innehalten nach der Lektüre**

**Bedeutung herausfinden**

Was waren die wesentlichen Punkte? Was hat mich besonders angesprochen? Welche Bedeutung hat/haben die Information/en?

Womit hängt das zusammen? Nun können Sie dies so stehen lassen oder eine kleine Notiz dazu anfertigen.

● **Lesemap anfertigen**

**Notiz anfertigen**

Am besten in die Nähe der Überschrift platzieren. Für diese Lesemap eignen sich Haftnotizen recht gut oder Karteikarten. Diese kleine Variante der Notiz ist gut geeignet bei Fachzeitschriften, Zeitungen, Abschnitten in Büchern.

● **Zeichnung oder Bild anfertigen**

**eindeutige Visualisierung**

Mehr gestalterisch Orientierte mögen eher die Darstellung in Bildern. Wichtig ist hier die Wiederabrufbarkeit durch Erstellen eindeutiger Visualisierung.

● **Kurze Zusammenfassung sprechen**

Kontaktorientierte Persönlichkeiten reden lieber darüber. *darüber reden*

Für eine Verbindung mit Wissen ist dafür eine strukturierte Gesprächsform empfehlenswert, etwa nach den oben aufgeführten Stichworten für das Innehalten.

Die oben dargestellten Methoden des erschließenden Lesens (Abschnitt 4) führen zum Vernetzen mit persönlichen Wissenslandkarten. Damit haben wir gute Möglichkeiten, für das mittelfristige Speichern von Informationen zu sorgen. *Informationen speichern*

---

─────────────────── **Tipp** ─

**Die Regeln für Lesemaps sind:**

▶ Nehmen Sie ein unliniertes Blatt, eine Karte, einen Notizblock quer.
▶ Wählen Sie das Thema aus, mit dem Sie sich auseinander setzen wollen.
▶ Beginnen Sie in der Mitte, oben, unten oder seitlich.
▶ Hauptgedanken schreiben Sie auf gleiche Ebene.
▶ Verbinden Sie alle Superzeichen/Gedanken mit dem Hauptgedanken.
▶ Fügen Sie auf diese Weise assoziativ die erste, zweite usw. Gedankenebene hinzu.
▶ Zeichnen Sie eventuell ein zentrales Bild, was das Thema darstellt und Ihnen gefällt.
▶ Rahmen Sie Wörter und Bilder dreidimensional ein, um diesen auch eine weitere Dimension zu verschaffen.
▶ Fangen Sie möglichst viele Aspekte und Ideen ein.
▶ Bedenken Sie: Eine Lesemap soll kein Kunstwerk sein und kann auch erneuert oder reorganisiert werden.

### 5.4.2 Superstrukturen entwickeln

**Bilden von Superzeichen**

Wollen wir unser Wissen dauerhaft und für bestimmte Zwecke wieder abrufbar speichern und bereithalten, geben uns gleichfalls vernetzende Methoden gute Hilfen. Sie haben allerdings eine andere Methodik, da sie innerhalb eines Themas in die Tiefe führen, wobei als Zeichen letztlich ein Begriff für ein dahinter stehendes Begriffsschema steht. Dieses nennen wir im Gedächtnistraining und in Hinweisen für das Lernen auch das Bilden von Superzeichen.

**Einzelinfos ordnen und reduzieren**

Für vertiefende Zwecke eignet sich das Verfertigen von Darstellungen, die **Superstrukturen** im Gedächtnis ermöglichen. Der Nutzen liegt in der Möglichkeit, alle Einzelinformationen zu ordnen und zu reduzieren im Sinne einer progressiven Abstraktion. Insbesondere für jede Art von Lernzweck sind diese Vorgehensweisen gut geeignet. Man lernt nur noch die übergeordneten Strukturierungsmerkmale und nutzt sie später als Erinnerungshilfe (gleich Superzeichen), mit der das eigene Wissen effektiv abgerufen werden kann.

● **Wie bildet man Superzeichen?**

**Detailwissen organisieren**

Es geht um die Reduktion der Informationen auf diejenigen, die im Zusammenhang stehen. Dadurch organisieren wir Detailwissen, das wir dann getrost wieder in die Randbereiche unseres Gedächtnisses schieben können, wenn wir unser Verständnis von Zusammenhängen dazu erreicht haben. Erst dieses macht das Wiederauffinden leicht.

Formen von Lesemaps mit Superzeichen sind

▶ Gliederungen,
▶ analytische Strukturdarstellungen,
▶ Gruppierungen, Cluster – assoziativ, formal, inhaltlich, funktional,
▶ Abfolgedarstellungen,
▶ Ablaufpläne,
▶ Dezimalsysteme,

▶ Netzdarstellungen,
▶ Lesemaps als Mind Maps.

Für die Erstellung von Superstrukturen können auch zusätzliche methodische Varianten genutzt werden. Dabei geht es vor allem um den Wechsel von Perspektiven auf die Informationen/Inhalte.

*methodische Varianten*

▶ **Gipfelsicht**
Nehmen Sie andere Perspektiven ein, gehen Sie gedanklich auf eine höhere Ebene, und betrachten Sie die gebildete Superstruktur auf Logik, Balance, Überschneidungen.

▶ **Lesejournal**
Für den Eintrag von Ideen, kleineren Ausführungen usw.

▶ **Synopse**
Vergleich zweier Superstrukturen auf Ähnlichkeit, Unterschiede usw.

▶ **3-Räume-Modell**
Betrachtung der Superzeichen unter drei Aspekten:

– Sicht aus einem Raum, in dem Visionen und die Zukunft eine Rolle spielen.
– Sicht aus einem Raum, in dem das realistische/pragmatische Handeln wichtig ist.
– Sicht aus einem Raum, in dem alles kritisch distanziert und auf seine Konsequenzen bedacht wird.

Damit ergeben sich Möglichkeiten der Verknüpfung von Wissen in die Tiefe und Breite (siehe Abbildung 12).

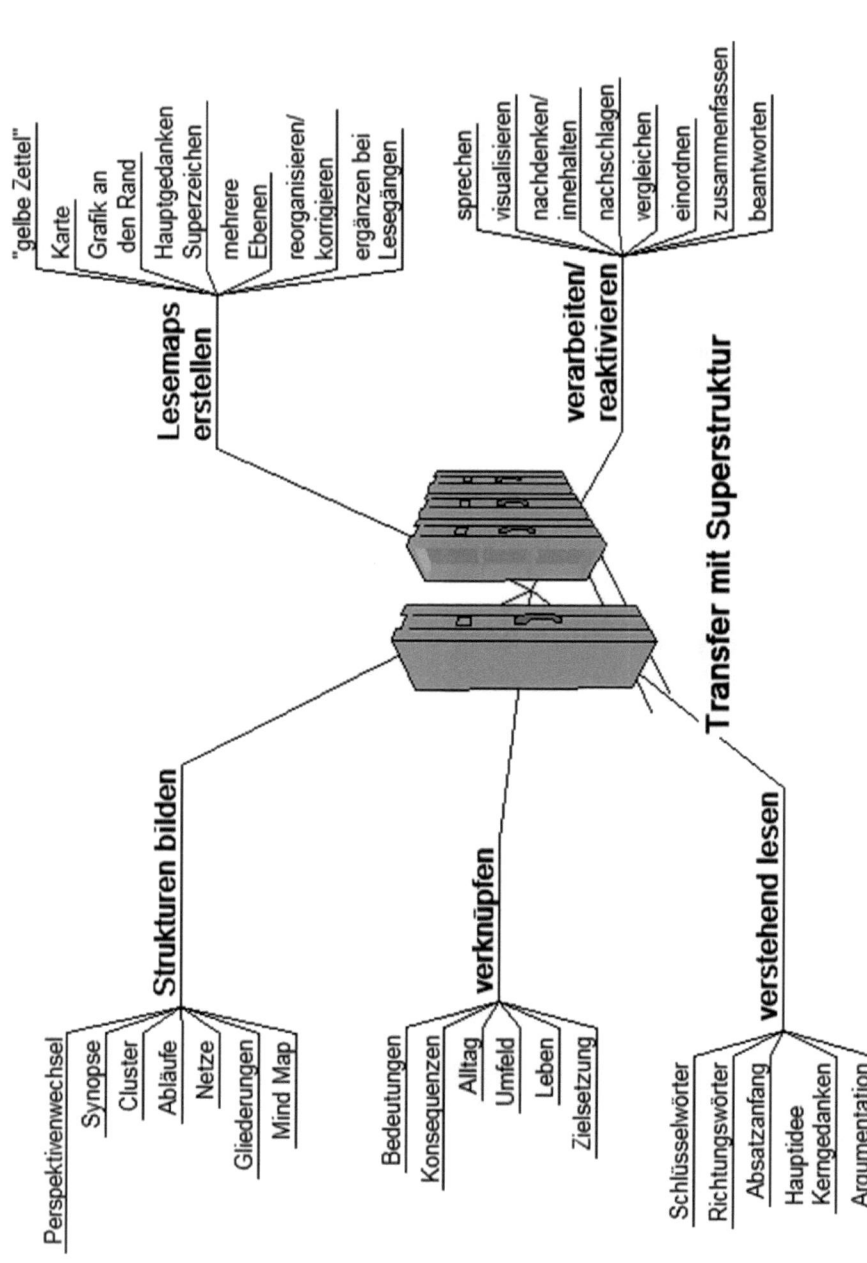

**Abb. 12:** Superstukturen eignen sich für jede Art von Lernzweck und bringen Ordnung in die Fülle von Einzelinformationen

## 6 Wie lernt man schneller lesen?

Diejenigen, die sich für die Beschleunigung des Lesens interessieren, haben das Bedürfnis, sich selbst weiterzu-
entwickeln. Es treibt sie Neugier und der Wille, die Dinge
anders als bisher zu bewältigen.

*Neugier und Wille*

Dies ist das beste Motiv, um neue Lesegewohnheiten anzu-
gehen. Denn nun geht es um das Ablegen dieser Gewohnheiten, die bis jetzt auch hilfreich waren. Allerdings sind
mir durchaus Einzelne begegnet, die entmutigt aufgeben
wollten.

Der Leser, der noch an alten Lesegewohnheiten hängt, ge-
rät beim Probieren von neuen Lesetechniken leicht in die
Gefahr, desorientiert zu werden, weil das gewohnte Verstehen unterbrochen ist. Eine weitere Gefahr ist das Üben
an zu leichtem Lesestoff. Hier können mechanische Vorgänge leicht vollzogen werden, bei schwierigen Texten allerdings erfolgt leicht ein Rückfall in bisheriges ineffizien-
tes Lesen.

*Gefahr der Desorientierung*

Das Erwerben von neuen Lesetechniken ist nicht über Nacht
erlernbar. Ebenso wie das Lesenlernen überhaupt mehr
oder weniger lange dauerte, muss diesem veränderten Herangehen eine gewisse Zeit zur Festigung zugebilligt werden. Konsequente Anwendung ohne überzogene Leistungs-
anforderungen an sich selbst schafft schließlich Leseerfolg.

*Ausdauer gefragt*

Schneller lesen können Sie auf verschiedene Weise lernen:

*Lesecoaches*

▶ allein über das Studium von Büchern, beispielsweise
   dem vorliegenden, oder durch Viellesen ganz allgemein,

▶ in Gesellschaft, während eines Kurses und in Gruppen
   zur gegenseitigen Unterstützung,

▶ mit Hilfe eines Lesecoaches, der Ihnen über Lernklip-
   pen hilft und individualisierte Anleitungen gibt.

**Regeln
anwenden**

Die Anwendung aller Regeln und Hinweise führt Sie auf den Weg, zügig und immer schneller zu werden im Leseprozess. Je mehr Sie an Wissen erfahren, umso neugieriger können Sie sein auf Weiteres.

Mit diesem Buch haben Sie erfahren, wie Sie zielsicher Informationen aufnehmen und die Übersicht behalten.

● **Die Anwendung der F:A:S:T-Lesestrategie ist in allen Leselebenslagen anwendbar.**

**komplexe
Lesetechniken**

Sie haben erfahren, wie komplex Lesetechniken ineinander greifen und wie sie funktionieren.

● **Die Anwendung von Lesetechniken stellt unterschiedlich hohe Anforderungen an die mentalen Aufnahmefähigkeiten.**

Sie haben erfahren, dass über die Bildung von Superstrukturen Wissen und Kompetenz entwickelt werden können.

● **Vernetzendes Lernen sieht die Integration von neuem Wissen in die Bereiche Kopf, Herz und Hand vor.**

**Routine
entwickeln**

Entscheidend wird sein, dass Sie über die dauernde Anwendung der Lesestrategie Routine und Erfolge entwickeln, so dass Sie dann sagen: **Ich erreiche meine Ziele, indem ich organisiert und methodisch Lesetechniken anwende.**

Und dann haben Sie sie gefunden, die Brille, die Christian Morgenstern noch suchte:

Korff liest gerne schnell und viel
Darum widert ihn das Spiel
All des zwölfmal Unerbetnen
Ausgewalzten, Breitgetretnen.

Meistens ist's in sechs bis acht
Wörtern völlig abgemacht,
und in ebenso vielen Sätzen
lässt sich Bandwurmweisheit schwätzen.

Es erfindet drum sein Geist
Etwas, was ihn dem entreißt:
Brillen, deren Energien
Ihm den Text – zusammenziehen!

„Die Brille" *von Christian Morgenstern*

# 7 Was tun, wenn … – Tipps für spezielle Situationen und Probleme

## 1. Fremdeln

**unbekannte Zeichen**

Dies trifft dann zu, wenn uns die enthaltenen Informationen völlig fremd sind. Das kann sich einerseits auf ein neues, (noch) unbekanntes Thema beziehen, dessen Fachbegriffe wir nicht kennen, oder aber auf die verwendete Fremdsprache. Wenn wir mehr oder weniger mühsam im internen Wörterbuch nach den Bedeutungen der vorkommenden Wörter suchen, werden wir langsam. Im schlimmsten Fall können wir nicht einmal die schriftlichen Zeichen richtig entziffern, dann haben wir zusätzlich Dechiffrierprobleme. Zudem können noch unterschiedliche Leserichtungen für eine Schwierigkeit sorgen.

**fremde Kulturen**

Begegnen wir also den Menschen mit Respekt, die sich in unserer deutschen und westlichen Sprache lesend bewegen wollen und aus fremden Kulturen mit idiographischen Schriften stammen.

Solche Dechiffrierprobleme kann es aber bereits geben, wenn es sich um Texte mit Formeln oder mathematischen bzw. fachsprachlichen Zeichencodes handelt.

**beschleunigte Lesegänge**

Immer dann, wenn die Vertrautheit damit noch äußerlich ist, kann eine Beschleunigung nicht stattfinden. Im Falle, dass es sich um solche Materialien handelt, die zu verarbeiten sind, sind daher besondere Vorkehrungen zu treffen, um mit beschleunigten Lesegängen zu arbeiten. Diese richten sich dann auf Maßnahmen wie:

▶ Aufteilen von Lesegang und Aufnahme von spezieller Information.

▶ Viel Lesen (und Erklären) in der fremden Sprache, um größere Vertrautheit zu erlangen.

## 2. Legasthenie

Legastheniker haben im wahrsten Sinne des Wortes, auf das Lesen bezogen, eine andere Sicht als die meisten anderen Leser. Wie man inzwischen weiß, ist diese andere Sicht eigentlich ein Talent, das sie vor anderen auszeichnet, allerdings kann es durch verschiedene Umstände in der Lern- und Entwicklungsgeschichte der Betroffenen zur Unfähigkeit kommen, Schrift wie all die anderen angemessen zu lesen.

*andere Sicht*

Die Folge ist meist eine Art überkonzentriertes Lesen, das zu einer extremen Verlangsamung führen kann, zu Stress und oft chaotischem Zugang zu schriftlicher Information.

*Überkonzentration*

Bezogen auf das Sehen von diesen Lesern, haben sie einen fast ganzheitlichen Blick, mit dem sie sehr viel mehr an Information aufnehmen (können) als andere. Das führt bei Kindern zu großen Irritationen und Desorientierungen sowie schlechter Fähigkeit, verschiedenartige und komplexe Schriftbilder zu entziffern.

Außerdem erfassen sie Wörter und deren Bedeutung eher als Bilder, was beim Erlernen von Schriftsprache Schwierigkeiten machen kann, vor allem wenn es sich um gegenstandslose Begriffe handelt. Solche Leseschwierigkeiten können sich auch auf das Lesen/Entziffern von mathematischen oder logischen Ziffern beziehen. Aus der Lerngeschichte nehmen diese Leser häufig eine sehr kontrollierte Haltung in Bezug auf das Lesen ein. Erfolgreich mit der Schul- und Ausbildung Zurechtgekommene zeigen allerdings manchmal eine sehr organisierte Umgangsweise mit Lesestoff.

*Bilder erfassen*

In manchen Fällen erlebte ich bei solchen Lesern einen sehr leichten Übergang zu bestimmten Sehtechniken, die beim Hochgeschwindigkeitslesen angewandt werden. Allerdings nur, wenn es gelingt, bestimmte stark kontrollierend oder bremsend wirkende Haltungen der Betroffenen, die das langsame und genaue Lesen fördern, hierfür durch individuelle Erlaubnisse außer Kraft zu setzen.

*leichter Übergang zu bestimmten Sehtechniken*

Für Legastheniker sind das Einhalten einer Lesestrategie, Entspannungsübungen und das Erlernen der Hochgeschwindigkeitstechnik für das Lesen sowie eine konsequente Visualisierung der Struktur und des Gelesenen empfehlenswert.

### 3. Lage des Lesestoffs

senkrecht positionieren

Das Lesegut sollte am besten senkrecht vor Ihnen positioniert sein, wenn es vor Ihnen liegt, müssen die Lettern und Ziffern gut zu erkennen sein. Es gibt im Handel spezielle Vorrichtungen für das Aufstellen von Büchern oder Blättern. Der Abstand zwischen Auge und Text sollte zwischen 25 und 35 cm betragen.

nicht im Bett lesen

Gesenkte Augen beim Lesen verhindern neurologisch eine ungehinderte Aufnahme und machen müde, desgleichen beim Lesen im Liegen. Deswegen sollten wir darauf verzichten, Fachliteratur im Bett zu lesen. (Hier kommt noch ein weiterer Aspekt der Arbeitsorganisation hinzu: Vermischen Sie nicht Freizeit und Arbeit am gleichen Ort.)

verkrampfte Haltung

Senkrecht vor einem Leser befindliches Lesegut hilft auch, noch einem weiteren beeinträchtigenden Faktor entgegenzuwirken: Eine gebückte Haltung beim Lesen verkrampft.

Die **Vorteile** für das senkrechte Positionieren des Lesematerials:

▶ leichteres Atmen,
▶ schnelleres Lesen,
▶ Buchstaben leichter zu erkennen,
▶ wache Aufnahme.

### 4. Sehfähigkeit

mühsamer Entzifferungsvorgang

Kopfschmerzen, die Einnahme von Drogen, Alkoholika beeinträchtigen die Lesefähigkeit. Unzureichende Sehfähigkeit oder ungenügende Sehkorrekturen verhindern ein genaues Erkennen der Buchstaben und verunsichern beim detaillierten Lesen. Das Lesen wird zum mühsamen Entzifferungsvorgang.

▶ Lassen Sie Ihre Sehfähigkeit für das Sehen in der Ferne, am Bildschirm und im Nahbereich testen.

▶ Nutzen Sie ggf. Mehrfokalgläser statt mehrfacher Wechsel der Augengläser.

▶ Machen Sie Augenübungen, und nehmen Sie gehirnfreundliche Kost zu sich.

Hinzu kommt, dass das Auge über die Fixationen, die ein Weiterspringen für das Auge darstellen, belastet wird. Die Stopps können zwischen einer Viertelsekunde bis zu eineinhalb Sekunden dauern. Die Lesegeschwindigkeit verlangsamt sich nicht nur dadurch, es ermüdet auch das Auge. Die Beleuchtung muss den Text gut ausleuchten, darf aber nicht blenden.

*Weiterspringen des Auges*

▶ Genügend Licht, mindestens 700 bis 1000 Lux, über dem Lesearbeitplatz ist zu empfehlen. Die Lichtquelle muss blendfrei positioniert sein.

## 5. Bildschirmarbeit

Dies bedeutet Arbeit nicht nur für die Augen. Meistens bedingt Computerarbeit einseitige und statische Haltungen. Es ergeben sich häufig Ermüdungserscheinungen der Augen, Nackenschmerzen, Augen- und Kopfschmerzen durch das (nicht wahrnehmbare) Flimmern der Bildschirme. Die Konzentrationsfähigkeit sinkt, und es kann nicht mehr korrekt gelesen werden.

*Flimmern der Bildschirme*

Nach einer halben Stunde ununterbrochenen Lesens sollten Sie das Auge bewusst vom Bildschirm lösen und eine andere Blickhaltung einnehmen. Machen Sie Augenentspannungsübungen, Massagen im Augen-Stirn-Bereich, und nehmen Sie augenfreundliche Ernährung zu sich.

*Entspannungsübungen*

▶ Für das Lesen am Bildschirm sollte der Monitor ca. 80 cm weit entfernt sein, eine Sicht auf die Zeilen in Augenhöhe erlauben. Wenn der Bildschirm nicht als Flachmonitor existiert, sollte er mindestens 17 Zoll haben.

▶  Bei Mehrfokalgläsern sollte die oberste Zeile am Bildschirm tiefer als üblich gestellt werden.

▶  Stellen Sie bei Texten am Bildschirm den Cursor in die Mitte der Zeile, und bewegen Sie mit der Richtungtaste die Zeilen runter in gleichförmigem Rhythmus. Auf diese Weise ist das Auge am wenigsten durch dauernde Neupositionierung irritiert.

### 6.  Unterstützende Maßnahmen

**Musik überlagert**

Musik hat eine die Aufmerksamkeit überlagernde Wirkung. Allerdings gibt es Musikstücke, die speziell für entspannte Aufmerksamkeit erzeugt wurden. Sie haben eine Grundfrequenz von ungefähr 80 Hertz, was dem Herzschlag entspricht. Solche Musik wird auch für mentales Training genutzt.

● Von einigen wird Musik als beschützende Schallkabine empfunden, von anderen als absolut störend.

**störende Bewegung**

Alles, was sich in der **Peripherie des Gesichtsfeldes** bewegt, kann die kontinuierliche Aufmerksamkeit beeinträchtigen. Daher sollten Mobiles, Bildschirmschoner usf. entfernt werden. Die neuronale Begründung dafür bezieht sich darauf, dass Bewegung am Augenfeldrand zum unwillkürlichen Scharfstellen des Auges am wahrgenommenen Ort einer Bewegung führt, was eine Konzentrationsbeeinträchtigung bewirkt.

● Bewegung im Leseumfeld ausschalten, da es die Konzentration stört.

**Lärm erzeugt Fehler**

**Stress** beeinträchtigt das Lesen. Seelisches oder körperliches Ungleichgewicht verhindert die konzentrierte Informationsaufnahme. Lärm und dauernde Störungen verhindern sie ebenfalls und bewirken Fehler.

● Verlegen Sie das Lesen auf den Zeitpunkt nach der Lösung konzentrationsraubender Konflikte, oder planen Sie ihre Lesezeit.

Wenn Sie lernend lesen oder sich auf verschiedene Themen vorbereiten, sollten **Lesepausen** dazu genutzt werden, das Aufgenommene sich setzen zu lassen. Daher sollte in einer solchen Pause keine konkurrierende Tätigkeit, z. B. Verhandeln, Präsentieren, Reden, usw., stattfinden. Außerdem sollten die Pausen in solchen Fällen nicht zu lang sein, da sonst der Zeitaufwand für das Sichten wieder anfällt.

*Lesepausen nutzen*

- Pausen kurz und mit mental hilfreichen Aktivitäten (Kaffee kochen, Blumen gießen, plaudern, aber nicht verhandeln) füllen.

Wir haben irgendwann gelernt, aus Büchern oder Texten **Wichtiges zu exzerpieren** (herausschreiben) oder bestimmte **Anmerkungen** oder **Markierungen** einzufügen, damit diese Stellen zur späteren Verwendung zur Verfügung stehen.

- **Markieren von Textstellen**

Haben Sie schon mal versucht, einen Text wieder zur Hand zu nehmen, den Sie einmal mit Ihren Markierungen versehen haben? Konnten Sie den Text so wieder nutzen? Oder haben Sie nun diese Anmerkungen gestört? Den meisten geht es so, weil sich der Leseanlass, das Leseziel oder die Verwendung änderte.

*Anmerkungen für später*

Und weiter: Wie geht es Ihnen beim Lesen, wenn Sie andauernd eine Anmerkung anfügen? Sicher nehmen Sie wahr, dass jedes Mal der Lesefluss gestört ist, Sie den Faden wieder aufnehmen müssen. Markieren und Anmerken im Verlaufe des Leseprozesses bedeutet ein ständiges Anhalten im Lesefluss.

*ständiges Anhalten im Lesefluss*

Überlagernde Farbmarkierungen stören beim erneuten Lesen. Nur einzelne Wörter, die unbekannt sind oder eventuell besondere Signalwirkung haben, sollten durch einen Strich am Rand gekennzeichnet werden. Markierungen sollten außerdem, wenn überhaupt, nach dem Lesen in einem eigenen Arbeitsgang erledigt werden. Notizen stören ebenfalls den Lesefluss und sollten auf einem Extrakärtchen oder Zettel nach dem Lesen ihren Platz finden.

*keine Markierungen im Text*

Exzerpieren sollte erst begonnen werden, wenn bereits eine Kenntnis über die Struktur des Textes, den inhaltlichen Aufbau und die Kernpunkte existiert. Sonst entsteht die Gefahr des blinden und wahllosen Herausschreibens.

Bei zahlreichen Markierungen ist eine spätere unterschiedliche Verwendung weniger möglich, eher die Vernichtung des Leseguts angemessen. Würden Sie den Text behalten, stören dann Markierungen.

- Anmerkungen und Markierungen erst *nach* einem durchgehenden Lesevorgang vornehmen. Erst dann haben Sie die entsprechende Übersicht.

- Markierungen im Text vermeiden. Stattdessen empfehle ich die Nutzung von (gelben) kleinen Haftnotizen, die mit einzelnen Wörtern, Zeichen oder Lesemaps versehen werden können.

- Wenn Sie dennoch Ihre Anmerkungen in den Text einfügen wollen: Vermeiden Sie die Verwendung von „Markern", da diese Leuchtfarbenstifte beim Lesen das Auge irritieren und außerdem den Blick ablenken von Aspekten, die beim wiederholten Draufschauen (eventuell) eine Korrektur der Anmerkung bewirken würden.

- So wenig wie möglich markieren, denn es kommt auf die Übersicht über den ganzen Text an. Hinweise durch Kurzzeichen, wie einem ! oder einem Blitz oder einem ? oder einem Kreis mit einem Punkt darin sind sinnvoll, wenn Sie diese stets in der gleichen Bedeutung verwenden.

### 7. Ein Training der Lesestrategie befreit von negativ wirkenden Einstellungen.

Durch erste Erfahrungen mit beschleunigender Lesetechnik können auch alte Überzeugungen durch neue Ideen ersetzt werden:

- Lesen ist leicht.
- Es ist in Ordnung, eine Lesehilfe zu nehmen.
- Viele Wörter auf einmal lesen ist möglich.
- Schnell lesen und trotzdem alles verstehen ist möglich.

## Literatur

GUNTER BEYER – Rationelles Lesen leichtgemacht,
Econ 1988

TONY BUZAN – Speed Reading, Mvg 1997

RONALD D. DAVIS – Legasthenie als Talentsignal
Lernchance durch kreatives Lesen, Ariston, 1997

G. EMLEIN/W. A. KASPER – FlächenLesen, VAK 2000

DONALD J. LOFLAND – Powerlearning, Knaur 1996

G. MARWITZ – Alpha Reading, Junfermann 1996

R. MICHELMANN/W. U. MICHELMANN – Effizient und
schneller lesen, Rororo 1998

B. M. MÜNDEMANN – Leichter, Schneller, Besser Lernen
Innovative Lernmethoden für das Informations-
zeitalter, Mvg 2000

ERNST OTT – Optimales Lesen, DVA 1970

R. SCHEELEN – Photo Reading, MI/ Gabal 1998

LISETTE SCHOLL – Das Augenübungsbuch, Rororo 1985

LUTZ VON WERDER – Wissenschaftliche Texte kreativ lesen,
Schibri Verlag 1994

TOM WERNECK/FRANK ULLMAN – Dynamisches Lesen,
Heyne 1986

FRANK WIEGMANN – Rationelles Lesen, Bund Verlag 1987

W. ZIELKE – Schneller Lesen, intensiver lesen, besser
behalten, MI 1988